Alfred L. Rosteck

Gesammelte Gedichte
Band 1

Alfred L. Rosteck

Gesammelte Gedichte

Band 1

**Bibliografische Information
der Deutschen Nationalbibliothek**

Die Deutsche Nationalbibliothek verzeichnet diese Publikation in der Deutschen Nationalbibliografie; detaillierte bibliografische Daten sind im Internet über http://dnb.d-nb.de abrufbar.

©2016 Alfred L. Rosteck
http://alfredrosteck.com

Umschlagentwurf: Alfred L. Rosteck

Herstellung und Verlag:
BoD – Books on Demand, Norderstedt

ISBN 978-3-7431-3856-8

Inhalt

Vorwort 13

Buch 1 Stilles Glück 15
   Der Baum 17
   Letztes Flehen 19
   Alles dreht sich 20
   purpurroter mund 21
   der tanz 22
   Leid 24
   Stilles Glück 25
   phönix 26
   Liebesnacht 27
   die nacht 28
   Der Stammtisch 30
   Banger Augenblick 33
   mutige bescheidenheit 34
   ende der liebe 35
   Begrabenes Herz 36
   Eis 37
   wenn du mich liebst 38
   stolz 40
   Schutzgeist mein 41
   Wildrose 42
   Der Tod 43
   Sieh doch nur 44
   Der kleine Unterschied 45
   Die zwei Seiten 46
   Die Insel Phantasie 48
   Liebe 50
   Ich geh die Straße lang 52
   Hand in Hand 54
   Kalender der Liebe 56

Pferdefuß	57
Regenbogen	58
Die Straße des Lebens	60
Sein	61
Egal	62
Neue Worte	63
unterwegs	64
Als du neulich gingst	65
eifersucht	66
Der Garten (Mein Mädchen)	67
Karfreitag	68
karfreitag heute	70
der morgen	71
heute abend	72
Schicksals Lauf	73
Gib mir deine Hand	74
ruin	75
Das Lied der Amsel	76
Liebesleid - Liebesfreud	78
Ein Jahr ist schnell vorbei	80
heiterkeit	81
Du	82
wunderblüte	83
meditation	84
Später Nachmittag	86
(be)drohung	87
Leben	88
Besinnung	89
Glückliche Rettung	90
lebenston	93
Kurzes Glück	94
einbahnstraße	95
Wahre Liebe	96
was gefällt mir so an dir	97
regen	98

Gut 99
unwetter 100
Lass los 102
Quälende Melodie 103
Kleinmut 104
sehnen 106
Der Strom 107

Buch 2   Im Sternenschein 109
Der Gruß der Liebsten 111
Liebkosung 112
Reiseglück 113
Das Absolute 114
Unstillbares Begehren 115
Gottesfunke 117
Verstand und Gefühl 118
In der Schwärze der Nacht 120
Experten 121
Sommertag 122
Sternenhimmel 124
hoffen und bangen 126
Der Unterschied 127
sommerwald 128
Nach dem Fest 130
Sommernacht 132
Wenn ich an dich denke 133
zwei bäume 134
Ein altes Haus 136
schicksalsnebel 138
Lob 140
wüste 141
Auf dem Weg allein 142
letzte sonnenstrahlen 143
Im Vorübergehen 144
dürre zeit 145

Im Sternenschein	146
Wo ist der Ort?	147
Stundenplan der Liebe	148
Gefahr vereint	150
Es geht nicht an	152
Ich kann's nicht glauben	154
Das Los	155
Ein andres Leben	156
Weg durchs Feuer	157
Lebenstraum	158
Seelensturm	159
Was rührt mein Herz	160
Hinter dem Horizont	161
Enttäuschte Hoffnung	162
Sturm der Gefühle	164
Zu früh gefreut	165
arme heimat	166
hoffnung	167
Im Schlafe	168
Spätsommer am Meer	169
Ich hatt' es gern	170
Schönheit des Herzens	171
Tausend kleine Lichterfunken	172
Neues Leben	173
Lob des Strandlebens	174
Späte Einsicht	176
Glück verfliegt	177
Späte goldne Tage	178
Lohn der Plage	180
Zeit, steh still!	182
Seelenklang	183
der kompromiss	184
blumen im bach	185
Im Nebel	186
einmal noch	187

Herbsttag 188
irgendwo 189
Auf dem Friedhof 190
Letzte Reise 191
Der Disput 192
Krieg 195
Lilien 197
manchmal 198
Schweigen 199

Buch 3   Ewige Reise.. 201
Erster Schnee 203
schnitterlicht 204
hoffnung 205
Die Verworfenheit der Welt 206
Dasein 207
Traum 208
Das Meisterstück 209
Wie die Wolken 210
Morgen 211
Sturm der Gefühle 212
Braun die Felder liegen 213
Fata Morgana 214
Enttäuschte Liebe 215
Ungewissheit 216
Augenblick, halt ein! 217
Schneemann und Schneefrau 218
Aufwärts 220
Die Zeit genießen 221
Tugend 222
Sensationsgier 223
ewige reise 224
Endlich 225
Lebensweg 226
Freud und Leid 228

Fieber	229
Neue Hoffnung	230
Du bist für mich	231
Tödliche Pfeile	232
Dreh die Zeit zurück	233
Erst hinterher	234
Wundersame Frühlingszeit	235
Ein Gläschen	236
Mein neuer Nachbar	237
Geistiges	238
Erste Sonnenstrahlen	239
Per aspera ad astra	240
Känguruh	242
Schwerer Entschluss	243
Ein einziges Mal	244
Ein Engel	245
Inspiration	246
Das Vöglein	247
Blühender Baum	248
Hilf dir selbst	249
Zu spät	250
Wahrheit	252
Verklungene Melodie	253
Wie ich zum Dichten kam	254
Maiwind	255
Vorbei	256
So weit	257
Geistige Anregung	258
Gefühle	259
Spott	260
Widerhall der Leere	261
Abendwind	262
Sternenkind	263
Verloren	264
Ewigschimmer	265

Gefangen	266
Wähnen	267
Zu Ende	268
Rosen	269
Nichts gelernt	270
Unendlicher Choral	271
Trost	272
Dunkles Gewölk	273
Nur für kurz	274
Mauern	275
Für alle Zeit	276
Ein Märchen	277
Tauben	278
Abend im Schwarzwald	279
Betrübnis	280
Lebenstag	281
Kunst	282
Seelenhaus	283
Was	284
Ein volles Leben	285

Vorwort

In diesem Band sind die 2007 bis 2008 erschienenen Gedichtbände „Stilles Glück", „Im Sternenschein" und „Ewige Reise" als Zusammenfassung enthalten.

Die Einzelbände werden nach Drucklegung dieses Sammelbandes nur mehr für kurze Zeit verfügbar sein.

Die einzelnen Gedichte wurden unverändert übernommen. Es erfolgte lediglich eine Anpassung an das neue Layout sowie die Berichtigung einiger weniger Druckfehler der ersten Ausgaben.

Noch ein Wort zur „Neuen Rechtschreibung": Ich folge ihr mit großem Widerwillen, mache aber nicht jede Änderung mit, die sich sogenannte Experten haben einfallen lassen. Es ist also nicht alles ein Rechtschreibfehler, was danach aussieht.

Neulengbach,
im Dezember 2016   Alfred L. Rosteck

Buch 1

Stilles Glück

Erschienen 2007

Das Leben in seiner Vielfalt zu erfassen, Stimmungen auszudrücken und dichterisch zu verarbeiten, ist das Hauptanliegen dieses Werkes. Dabei kommen auch komische und satirische Momente nicht zu kurz. Im Zentrum steht natürlich die Liebe, die das Leben des Menschen mit allen Höhen und Tiefen ebenso prägt wie das Streben nach Erfolg und Wohlergehen im Allgemeinen. Trost, Anregung und Spiegelung des eigenen Erlebens bietet dabei auch die Natur, die Kraft und Trost spenden kann.

Der Baum

Einsam steht er auf der Wiese,
rings umher nur weites Grün.
Die Blätter winken in der Brise
den Wolken zu, die drüber ziehn.

Mächtig breitet sich der Äste
Schirm gar knorrig in den Tag
und birgt darunter tausend Gäste
und jeden, der da kommen mag!

Und doch steht er wie flehend da,
die dicken Arme wild gerungen!
Doch bisher niemals es geschah,
dass der Sturm ihn hat bezwungen!

Gar lange Zeit strich über ihn!
Sah Mensch und allerlei Getier
in der Äonen Lauf entfliehen.
Und er steht stark noch immer hier!

Er könnt uns manche Nachricht bringen
von guten und von bösen Zeiten!
Er könnt auch manches Lied uns singen
von dem, was Menschen sich bereiten!

Er hat schon vieles überlebt.
Krieg und Frieden, Hass und Liebe.
Er stets mehr gen Himmel strebt,
um nicht zu sehn der Erde Trübe.

Er ist den Menschen nun im Wege.
Sie wollen andres an dem Ort.
Das letzte Wort hat dann die Säge.
Man schafft den alten Baum nun fort.

Was Wind und Wetter nicht geschafft,
der Mensch in kurzer Zeit zerstört.
So vieles wird hinweggerafft,
was ihm wirklich nicht gehört.

Der Mensch braucht Platz, das ist schon klar!
Doch Ehrfurcht vor solch altem Holz
stünd dennoch gut ihm an, fürwahr!
Ist kein Grund, zu sein drauf stolz!

Der Platz ist nunmehr öd und leer.
Schutz und Schatten sind davon!
Singen keine Vöglein mehr.
Begraben alles in Beton.

Letztes Flehen

Es ist alles schon gesagt.
Was nur bleibt uns noch zu tun?
Unser Herz darob verzagt.
Kommen nicht dazu, zu ruhn.

Warum musste es so kommen?
Es war mit uns ja doch so schön!
Wer hat uns das Glück genommen?
Musst du wirklich von mir gehen?

Du meine einzige Geliebte!
Häng an dir mit ganzer Seele!
Bereu es, wenn ich dich betrübte!
Bloß keinen andren dir erwähle!

Vielleicht gibt's Hoffnung für uns beide!
Gehören ewig doch zusammen!
Ich wie du doch schrecklich leide!
Will geben dir doch meinen Namen!

Bleib bei mir und nimm mich doch!
Werd lieben dich mit Leidenschaft!
Werd tragen dich auf Händen hoch!
Und helfen dir mit aller Kraft!

Du liebes Mädchen! Verzeihe mir!
Vergib mir meinen Übermut!
Ich geb dir meine Lieb dafür!
So sei mir endlich wieder gut!

Alles dreht sich

Alles dreht sich um mich her!
Ich glaub, ich werde noch verrückt!
Ich brauche dich wirklich gar so sehr!
Wie hast du mich doch stets entzückt!

    Wieso willst du fort?
    Gabst mir dein Wort!
    Schworst mir Treu!
    Wieso ist's vorbei?

Ich habe dich doch stets geliebt!
Mit Herz und meinem ganzen Leib.
Doch hast du mich jetzt so betrübt!
Ich hab geglaubt, du wärst mein Weib!

    In Sommernacht
    ward es vollbracht!
    Ich macht' dich zur Frau!
    Auf dich nur bedacht!

Doch ich zur Liebe dich nicht zwinge.
Dein Wunsch soll in Erfüllung gehen!
Geben uns zurück die Ringe.
Werde dich nun nicht mehr sehen!

    Wünsche dir Glück!
    Werd traurig sein!
    Letzter Blick!
    Ich bin allein.

purpurroter mund

purpurroter mund
gibt mir die liebe kund
heiß mein herz erwacht
auf gleichen schlag bedacht
dein kuss mich ganz verbrennt
und nichts uns jetzt noch trennt

geisterweiße wangen
lassen mich jetzt bangen
wie bist du doch so still
erloschen das gefühl
nur asche blieb zurück
zerronnen unser glück

der tanz

wir gehen zum tanz
die freude ist groß
verrückt bin ich ganz
komme nicht los
vergesse dich nicht
mein Herz klopft so laut
zärtlich es spricht
von liebe so traut
möchte was sagen
von dem begehren
soll ich dich fragen
wirst du dich wehren
gib mir die hand
ich halte dich fest
nehm sie als pfand
und all den rest
aneinander geschmiegt
im rhythmus gefangen
die liebe obsiegt
es drängt das verlangen
die welt versinkt
im meer der klänge
uns umschlingt
die wilde menge
der gestalten
die voll inbrunst
fest sich halten
als wär es kunst
die gefühle
heiß und wild
im gewühle
ungestillt

und wir inmitten
eng verbunden
bei tanzesschritten
ist verschwunden
alle scheu
heiß wir kosen
ist alles neu
rot wie rosen
ist dein mund
meine küsse
geben kund
was folgen müsse
gehen wir schnell
in den garten
wird bald hell
kann nicht warten
gras so weich
wie bist du schön
himmelreich wird erstehn
ich will dir zeigen
neuen tanz
dieser reigen
erfüllt dich ganz
die leidenschaft
die unerfüllt
raum sich schafft
und wird gestillt
wenn's dir gefällt
wir tanzen weiter
rund um die welt
froh und heiter
vom tanz wir gehen
müde und froh
du wirst sehen
wird wieder so

Leid

Ich seh, es geht nicht mehr.
Das Herz ist schwer und leer.
Was ich auch immer tu,
verweht der Wind im Nu.

Such nur der Seele Frieden.
Hab bösen Streit vermieden.
Doch willst du Eintracht wahren,
wirst stets du überfahren.

Möchte andere nicht kränken.
Möchte alles ihnen schenken.
Doch will ich was dafür.
Man gebe Frieden mir.

Man sucht den Weg zu finden.
Die Lösung drauf begründen.
Du glaubst ihn schon gefunden.
Doch erntest du bloß Wunden.

Drum schirm dich ab, o Herz!
Vermeidest so den Schmerz.
Doch schwindet auch die Liebe.
O wenn sie dir doch bliebe!

Das Leid erdrückt dich fast.
Ist alles, was du hast!
Ist alles schon egal.
Wird sein zu End einmal.

Stilles Glück

Meine Sehnsucht fliegt
wie Schneekristalle fein.
Mein Herz im Wind sich wiegt,
schlägt nur für dich allein.

Es glänzt im Sonnenlicht
dein liebevoller Blick.
Wir spüren die Kälte nicht,
denn heiß ist unser Glück.

Eis und Schnee zergehen,
doch unsre Liebe bleibt.
Mein Liebling, du wirst sehen,
wie sie Blüten treibt.

Im nächsten Winter dann
wir sind schon zu dreien.
Frau und Kind und Mann.
Wie wir uns darauf freuen!

phönix

kratzende gedanken
worte herz durchbohren
seele ist im wanken
alles ist verloren

vorbei die sanfte zeit
in rosarot verwoben
spannten bogen weit
zur sonne hochgehoben

doch spröd die liebe ward
wie altes glas zerbrach
was früher war so zart
es bringt nun ungemach

getrennt ist herz und blut
gar böse war der stich
mit dir geht es nicht gut
doch schlechter ohne dich

wie phönix neu ersteht
aus asche blumen blühen
die liebe hoffend fleht
wird wieder neu erglühen

Liebesnacht

Ich freudig begrüße den rosigen Morgen!
Was die Nacht uns hat heimlich bereitet,
bleibe dem Tag doch besser verborgen!
In die Sonne das Glück uns geleitet.

Wie warst du so scheu und doch voll Verlangen!
Du wehrtest mich ab und zogst mich zugleich!
Fast ohne Hemmung und doch voller Bangen.
Schwebten zwischen Hölle und Himmelreich.

Der Himmel war stärker am End wie zumeist.
In rosigen Wolken wir lustvoll schwebten.
Wir haben zusammen die Landschaft bereist,
bis wir vor Wonne und Freude erbebten.

Mein Liebling! Wie bist du doch unsagbar süß!
Fast noch ein Mädchen, doch vielmehr schon Frau!
Lächelst so scheu und doch siegesgewiss!
Ich gehöre nur dir, du weißt es genau.

Die neuen Lande mit dir nur bereisen,
möcht ich bei Nacht und auch noch bei Tag.
Möchte dir so meine Liebe beweisen
und dir zeigen, wie gern ich dich mag.

Die Sonne umfängt uns mit strahlendem Licht.
Wir müssen hinaus ins feindliche Leben.
Doch, meine Liebe, wir fürchten uns nicht!
Weil wir uns Liebe im Übermaß geben.

die nacht

der tag verbrennt
feurig rot
die nacht erkennt
seinen tod
erhebt sich glatt
düster kalt
an lichtes statt
ohn gestalt
es zieht heran
dunkler schleier
doch dann zerrann
auch das feuer
im schwarz erstickt
atemlos
und wild verstrickt
in todes schoß
durch furcht gelähmt
bis schlafes ruh
die angst bezähmt
deckt sie zu
im nichts verloren
ohne traum
wie nie geboren
leerer raum
doch dunkles ahnen
sich entfaltet
bilder mahnen
neu gestaltet
zages hoffen
regt sich wieder
zwingt die schroffen
bilder nieder

noch im abgrund
duldsam streben
aus dunklem schlund
sich erheben
erst der tag
trost verspricht
das vermag
nur das licht
es ist vorbei
das schwarz vergeht
das herz ist frei
tag neu ersteht

Der Stammtisch

Im Kreis der Freunde frohgemut
zu sitzen, tut der Seele gut!
Fühlt sich verstanden und geborgen.
Teilt mit ihnen Freud und Sorgen.

    Hebt die Becher!
    Stoßet an!
    Frohe Zecher!
    Wohlgetan!

Die lieben Frauen, die zu Hause
ihrer harren, haben Pause,
wenn's wieder mal zum Stammtisch geht.
Manch eine dieses nicht versteht.

    Hebt die Becher!
    Stoßet an!
    Frohe Zecher!
    Wohlgetan!

Man spricht nun über dies und das.
Auf wen ganz sicher ist Verlass.
Und wem du wirklich kannst nicht trauen.
Und natürlich über Frauen.

    Hebt die Becher!
    Stoßet an!
    Frohe Zecher!
    Wohlgetan!

Ein heißes Thema ist der Sport.
Die Frauen hassen dieses Wort.
Besonders, wenn es Fußball heißt.
Der Mann als Kind sich schnell erweist.

    Hebt die Becher!
    Stoßet an!
    Frohe Zecher!
    Wohlgetan!

Natürlich ist da Politik.
Da hält sich keiner mehr zurück.
Wenn die Meinung unterschiedlich,
dann nicht immer endet's friedlich.

    Hebt die Becher!
    Stoßet an!
    Wilde Zecher!
    Wohlgetan!

Man löst der ganzen Welt Probleme.
Hat für Politiker nur Häme.
Weiß jeder wohl, was er dann täte,
wenn er an deren Stelle träte.

    Hebt die Becher!
    Stoßet an!
    Kluge Zecher!
    Wohlgetan!

Man spricht noch über andre Sachen,
teils zum Ärgern, teils zum Lachen.
Dann, zu fortgeschrittner Stunde,
immer stiller wird die Runde.

> Hebt die Becher!
> Stoßet an!
> Stille Zecher!
> Wohlgetan!

Der erste geht, man folgt ihm nach.
Woll'n finden nur ihr Schlafgemach.
Fällt jeder wortlos auf sein Lager.
Für die Frau'n bleibt's weiter mager.

> Hebt die Becher!
> Stoßet an!
> Müde Zecher!
> Wohlgetan?

Banger Augenblick

Unergründlich tief dein Blick!
Die grünen Augen schauen mich
verschleiert an. Bedeutet's Glück,
oder dass es von mir wich?

Ich strecke dir die Hand entgegen,
wundre mich, dass ich es wage.
Möchte gern dein Herz bewegen,
dass es für mich allein nur schlage!

Ich schaue dich ganz zärtlich an.
Dein goldnes Haar im Winde weht,
wie bist du schön! Wär gern dein Mann!
Wie hast du mir den Kopf verdreht!

Dann lächelst du, nimmst meine Hand.
Mein Herzschlag stockt vor lauter Glück!
Du hast mir deine Lieb bekannt!
Geb sie dir tausendfach zurück!

Ich glaubte schon, du liebst mich nicht!
Bangte vor der Antwort sehr!
Nun dein Blick von Liebe spricht
und ist nicht unergründlich mehr!

mutige bescheidenheit

seltener augenblick
verheißt dir großes glück
sich im glück bescheiden
enttäuschung heißt vermeiden
doch sollst du nicht verzagen
vielmehr dein glück frei wagen
und mut'ger hoffnung sein
dass der erfolg sei dein

ende der liebe

wenn ich seh wie du dich quälst
sag ich dir dass du mir fehlst
ob dich das noch trösten kann
jetzt wo unser glück zerrann

abschied ist ein schwerer schlag
wenn zwei sich liebten jeden tag
so lange zeit durch dick und dünn
und viele schöne jahre hin

doch wenn das herz zuletzt nur sticht
und kein verstehn mehr aus ihm spricht
ist's besser wenn zu end die qual
als lang zu leiden allemal

warum kann's mit uns nicht gehen
warum begehren muss verwehen
die lieb allmählich sich verlor
wir sind jetzt einsam wie zuvor

allein wir müssen langsam sterben
unsre seele muss verderben
können miteinander nicht
doch allein das herz zerbricht

Begrabenes Herz

Drunten am Bach
begrub ich mein Herz.
Ich sinne noch nach
über all meinen Schmerz.

Wo sind nur die Freuden,
die wir uns schenkten,
und die uns beiden
die Hände dann lenkten?

Nun bist du fort.
Wie der Schnee im Mai.
Ich kenn nicht den Ort.
Ist einfach vorbei.

Bedeckt vom Sande
ruht nun mein Glück.
Bin nicht imstande
zu holen es zurück.

Bleiben soll's dort,
wo es nun ist.
Glück ist ein Wort,
das man vergisst.

Eis

Wie unter Eis so dick,
träge fließt der Bach,
von meiner Lieb ein Stück
erhielt ich mir noch wach.

Als kam die kalte Zeit,
du fuhrst gen Süden hin.
Dein Herz schien nur bereit,
bereit allein für ihn!

Erfriere noch vor Kälte!
Halt es nicht mehr aus!
Wie nie die Lieb mich quälte,
seit du verließt mein Haus.

Werd verrückt vor Sehnsucht!
Wie kannst du mich so strafen!
Ich habe schon verflucht
den Tag, da wir uns trafen!

Wenn der Winter dauert,
ganz erstarrt die Liebe!
Wenn mich davor auch schauert,
nur Eis mir von dir bliebe!

wenn du mich liebst

wenn du mich liebst
mein ich zu fliegen
was du mir gibst
nie kann genügen
viel zu schön
es für mich ist
darf nie vergehen
dass du mich küsst
ergreifst mich meist
ganz tief dabei
mein herz du reißt
mir fast entzwei
dir nun gehört
so jedes stück
wenn mich betört
dein süßer blick
begehre dich
werd fast verrückt
will für mich
was ich erblickt
du ließt mich schauen
das himmelreich
dir tief vertrauen
und ruhn so weich
dein honigmund
mir wonne schenkt
er küsst mich wund
mein herz mir tränkt
dein milder hauch
mich ganz belebt
und wärmet auch
mir rosen webt

bleibst du in mir
zu jeder zeit
bleib ich in dir
in ewigkeit

stolz

schneelast schwer die bäume beugt
sklavenheer von härte zeugt
die sich neigten die erzittern
die ungebeugten stöhnend splittern
krumm und flehend gnad erwerben
aufrecht stehend stolz zu sterben
nur wer sehr stark zu leben schafft
und bis ins mark ist tugendhaft
mensch denk nach wähl dein los
lebend schwach tot und groß
beuge dich so du wirst leben
oder brich so ist das eben

Schutzgeist mein

Schutzgeist mein, nimm meine Hand
und führe mich ins Träumeland!
Gern lass ich mich von dir begleiten
und in schönre Sphären leiten.

Solang die Seele bei dir weilt,
such mir jemand, der mich heilt.
Meine vielen dummen Leiden
hilf mir bitte zu vermeiden.

Mich auch belehre mit Bedacht,
denn schnell ein Fehler ist gemacht.
Und gib mir Kraft und Zuversicht,
so schön ist's auf der Welt doch nicht!

Sag mir, wenn ich helfen kann!
Ihr braucht doch sicher einen Mann
für's Grobe! Engel sind zu fein!
Kann euch sicher nützlich sein!

Bringst du mich dann heim am Morgen,
bleibt mir leider meist verborgen,
was ich erlebt hab in der Nacht.
Und trotzdem hast du's gut gemacht!

Ich danke dir ganz fest dafür!
Bleib auch weiter stets bei mir!
Nicht nur des Nachts, ist keine Frage,
sondern auch am hellen Tage!

Wildrose

Die Rose hebt ihr Köpfchen hoch.
Sie ist noch klein, ein Knöspchen noch.
Will viel vom Sonnenstrahl erhaschen.
Und von des Taues Nektar naschen.

Nach und nach erblüht sie dann.
Ihr Duft zieht uns in ihren Bann.
Voll Seligkeit sie öffnet weit
ihr wunderbares Blütenkleid.

Und all die Pracht, die ausgebreitet,
illustre Gäste zu ihr leitet.
Sie freudig gibt die Nahrung ihnen,
all den Hummeln und den Bienen.

So vollendet sie ihr Leben.
Bedacht, nur Duft und Freud zu geben.
Sie senkt das Köpfchen und verblüht.
Die Hagebutte rot erglüht.

Der Tod

Sie lockte und sie rief!
Es drang ins Herz mir tief!
Fand nicht Rast noch Ruh,
ich lauschte immerzu.

Zauberstimme süß
aus dem Paradies!
Niemals schweige still!
Dich immer hören will!

Überirdisch Wesen!
Wie soll ich je genesen,
wenn ich dich nicht schau!
Zeig dich mir doch, Frau!

In diesem tiefem Wahne
ich sehr bald erahne,
dass ich bald sterben muss,
empfang den Todeskuss.

Du schöner dunkler Engel,
verzeih mir meine Mängel,
lass mich dich umarmen,
musst dich doch erbarmen!

Eine Frau ist wohl der Tod.
Gesandt vom güt'gen Gott.
Ein Weib hat dich geboren.
Durchs Weib bist du verloren.

Sieh doch nur

Sieh doch nur, wie schön du bist!
Wie sehr hab ich dein Bild vermisst!
Kannst du mir glauben, meine Liebe,
dass ich so gern für immer bliebe?

Bin ich fern, bleibt mir der Traum!
Ich flieg zu dir durch Zeit und Raum!
Mein pochend Herz dem Vogel gleicht,
in Windeseile's dich erreicht.

Es lässt sich eilends bei dir nieder.
Singt dir meiner Sehnsucht Lieder,
wie sehr ich leide ohne dich!
Und dass der Schmerz nie von mir wich!

Doch jetzt halt ich im Arm dich fest.
Mein Herz dich niemals mehr verlässt.
Ich lass bei dir's als Pfand zurück
für unser künftig Liebesglück!

Einmal muss ich jetzt noch fort.
Doch komm ich wieder, auf mein Wort!
Dann bleib für immer ich bei dir!
Nehm dein Herz statt meinem mir!

Dann schlagen sie fortan zusammen.
Nur ein Schlag und nur ein Namen!
In rosa Wolken hoch wir schweben
für unser ganzes weitres Leben!

Der kleine Unterschied

Ich würde dich ja meiden,
könnt ich dich nicht leiden.
Doch gibt es bei uns beiden
kein böses Wort, nur Freuden!

Das war nicht immer so.
Du manchmal warst so roh,
dass ich dir entfloh.
Wir niemals waren froh.

In einer lauen Nacht
haben wir's vollbracht.
Ich hätt es nie gedacht,
doch das hat's ausgemacht.

Gebrochen war der Bann.
Du warst ganz anders dann.
Die Frau in dir gewann.
Und ich war gern dein Mann.

Seit diesem Augenblick
bist du mein Geschick.
Für uns gibt's kein Zurück.
Genießen unser Glück.

Die zwei Seiten

Trotz allem, was oft schwer ist auf Erden,
ist's schön zu leben, sich zu erfreuen!
Auch wenn es da gibt so manche Beschwerden,
so wird doch nichts mich jemals gereuen.

> Du bist ein Narr, hast du geglaubt,
> das Schicksal ist dir wohl gesonnen?
> Es hat doch alles dir geraubt!
> Das Glück ist dir wie Sand zerronnen!

Wenn du empfängst die wärmende Sonne,
die köstliche Luft die Brust dir erfüllt,
dein Herz auf dem Gipfel frohgemut throne!
Die Sehnsucht nach Frieden wird herrlich gestillt!

> Die Sonne hat dein Hirn verbrannt,
> die Luft zum Atmen ist vergiftet!
> In Tiefen ist dein Herz verbannt!
> Ist niemand, der da Frieden stiftet!

Bewahre den Blick dir nur für das Schöne!
Betrachte die Bilder, die prunkvollen Werke!
Deine Seele nehm auf die harmonischen Töne,
die der Mensch erschaffen in geistiger Stärke.

> Ein Phantast nur, der stets träumt,
> wird sehen nur das helle Licht!
> Er die Wirklichkeit versäumt,
> sieht die dunklen Schatten nicht!

Selbst die Menschen, die oft sind so schlecht,
die so mutlos sind und oftmals verzagt,
sind wirklich nicht alle nur ungerecht,
sie haben bloß nach dem Sinn sich gefragt.

    Nimm die Menschen nicht in Schutz!
    Sie sind schlecht und hoffnungslos!
    Sie sind auf Erden ohne Nutz,
    ihre Schuld ist riesengroß!

Wo liegt die Wahrheit, wer will das schon wissen?
Alles zwei Seiten hat wohl auf der Welt.
Für eine wir schließlich entscheiden uns müssen:
Drum such dir die Seite aus, die dir gefällt!

Die Insel Phantasie

Auf der Insel Phantasie
enden bunte Träume nie.
Alles, was du je begehrt,
wird dir hier sogleich gewährt.

Wünschen musst du und dran glauben,
keinen Zweifel dir erlauben,
dann erreichst du schnell dein Ziel,
so leicht, als wäre es ein Spiel.

Ob leckre Speise oder Trank,
ein schönes Mädchen, rank und schlank,
womöglich als ein Waisenkind,
du erhältst es gar geschwind.

Sie wird alles dir dann geben
teilen auch mit dir ihr Leben,
solange immer du es willst
und du noch etwas für sie fühlst.

Hast du dann genug von ihr,
dann denkst du eine neue dir.
Schwarz und blond, braun und rot,
hier herrscht ein Überangebot.

Hast du das warme Klima satt,
wünsch dir Schnee herbei anstatt.
Fahre Schi und laufe eis,
alles hat denselben Preis.

Schwärmst du mehr für die Musik,
bist du hier in deinem Glück.
Jede Richtung gibt es hier,
Orchester oder nur Klavier.

Doch kannst du nicht nur konsumieren.
Du kannst auch selbst den Taktstock führen.
Oder Staffelei und Pinsel.
Du bist hier schließlich auf der Insel.

Alle Freuden dieser Welt
gibt's hier ohne jedes Geld.
Und wenn du lang daran gedacht,
findest du's wirklich über Nacht!

Liebe

Ich kann es dir wohl sagen,
dass ich gehör nur dir!
Niemand darf es wagen,
dich zu nehmen mir!

Und du bist wirklich mein!
Wir teilen unser Leben!
Sind nicht mehr allein!
Alles wir uns geben.

Wenn wir sind getrennt,
die Sehnsucht uns verzehrt!
Wer dies Gefühl je kennt,
der weiß, was man entbehrt!

Bei seiner Liebsten sein!
Ihrem Herzschlag lauschen!
Im Stillen und zu zwei'n
Zärtlichkeiten tauschen!

Die Seel allein verdorrt!
Sie kann sich nicht entfalten.
Ein zartes Liebeswort
stets hilft, sie zu erhalten!

Wie Regen für das Feld
die Liebe ist, gibt Kraft!
Wir bauen unsre Welt
mit aller Leidenschaft.

Und wenn wir alt und grau,
die Liebe stiller wird.
Doch wissen wir's genau:
Hat uns zum Ziel geführt!

Ich geh die Straße lang

Ich geh die Straße lang
und denk an nichts dabei.
Müde ist mein Gang.
Doch letztlich bin ich frei!

Wie schwer war doch das Leben
die letzten zwanzig Jahr'!
Dann hat man mir vergeben.
Was war ich für ein Narr!

Ich glaubte deine Ehr
verteidigen zu müssen!
Doch machtest du's nicht schwer
für ihn. Ich musste büßen!

Der Schuft hat es verdient!
Ich seh sein höhnisch Grinsen!
Es bald wie Sand zerrinnt!
Er zahlt mit Zinseszinsen!

Doch ob du das warst wert,
kann ich heut nicht sagen!
Du jeden hast erhört.
Und ich konnt's nicht ertragen!

Du solltest sein nur mein!
Hab dich so heiß begehrt!
Doch wolltest du's nicht sein!
Da hab ich mich gewehrt!

Jetzt bist du vereint
mit ihm für ewiglich!
Hab nicht um dich geweint!
Werd glücklich ohne mich!

Schmorst im Höllenfeuer
mit ihm ganz eng zusammen!
Er ist dir doch so teuer!
Genießet doch die Flammen!

Ich geh die Straße lang
und denk an nichts dabei!
In mir ein Lied erklang:
Letztlich bin ich frei!

Hand in Hand

Durchwandern Hand in Hand
der Zeiten schmales Band.
Über purpurn Abgrund,
der Hölle tiefer Schlund.

Doch über uns das Blau
gibt uns die Himmelsschau.
Am Rand der Welt das Ziel?
Verstand oder Gefühl?

Was künden uns die Nornen?
Rosen oder Dornen?
Lachen oder Tränen?
Erfüllung oder Sehnen?

Durch manchen Sturm wir ziehen.
Auch Sonne drüber hin.
Ein wahres Wechselbad
uns fest verbunden hat.

Am Bergesgipfel stehn,
die große Weite sehn,
die der Seele Raum.
Verwirklichen den Traum!

Im Licht der Herzenssonnen
schwebend eingesponnen
goldnes Licht uns strahlt,
Unendlichkeit uns malt!

Ist wohl zu End die Reise.
Emporzuschweben leise,
wie einstmals Hand in Hand,
ins gleißend goldne Land!

Kalender der Liebe

Im März lernt' ich dich kennen.
Schien vor Lieb zu brennen.
Warst so wunderschön.
Wollt' mit dir nur gehen.

Ich küsst' dich im April.
Es war dir nie zuviel.
Wir waren so verliebt,
wie's das nur selten gibt.

Zur schönen Maienzeit
war es dann soweit.
Die Rose voll erblüht.
In ihren Bann mich zieht.

War dann ein heißer Sommer.
Wir wurden nicht grad frommer.
Entdeckten manche Freuden.
Waren nicht bescheiden.

Der Herbst ins Land dann zog.
Zu einer andern flog
mein Herz. Ließ dich zurück.
Hab jetzt neues Glück.

Will nicht Treue schwören.
Bis zum März wird's währen.
Noch viele Rosen warten
im weiten Rosengarten.

Pferdefuß

Wunsch und Sehnen
ein Leben lang
sich dehnen.
Fast ein Zwang.

Ziel erreichen,
Erfüllung finden;
Hoffnung streichen,
Lorbeer winden?

Manchmal's geschieht,
dass Wunsch erfüllt,
dass Herz erglüht,
die Sehnsucht stillt!

Der Pferdefuß,
weil versteckt,
Schicksals Gruß,
wird spät entdeckt.

Was man gewann
ist brauchbar noch?
Oder zerrann
die Freude doch?

Regenbogen

Aus feuchtem Dunst emporgehoben,
langsam wandern durch die Nacht.
Mond und Sonne sind verschoben,
ihr Licht scheint heimlich weggebracht.

Kein Schritt mehr leicht mir fällt.
Kann sehen Hand nicht mehr vor Augen.
Bin ich allein auf dieser Welt?
Zweifels Würmer Hoffnung saugen.

Des Schrittes Klang verändert scheint!
Vor mir hinan sich wölbt der Pfad!
Buntes Strahlen sich vereint
zu leuchtend hellem schmalen Grat.

Hinter mir der Dunst jetzt liegt!
Kann's kaum glauben! Kam so jäh!
Der Blick jetzt in die Ferne fliegt,
nicht mehr gehemmt durch Nebel zäh.

Ein wunderbarer Bogen spannt
hinauf sich, endlos hoch und weit!
Das Auge folgt ihm wie gebannt
hinein bis in die Ewigkeit!

Die leuchtend Farben sich vereinen
zu wunderbarem Brückenschlag.
Und in tiefen Fernen scheinen
sie zu sinken aus dem Tag.

Nur kurz doch währt der Farben Spiel.
Dann es wieder dunkel wird.
Mir blieb jedoch das Hochgefühl.
Ein heller Weg nach oben führt!

Die Straße des Lebens

Es ist egal, zu welcher Zeit du lebst!
Wichtig, dass du nur nach oben strebst!
Zumeist der raschen Zeiten Zwang dich treibt.
Und still zu fügen dir nur übrig bleibt.

Doch hast du Raum, dich zu entscheiden frei
auf der Straße, die dein Leben sei.
Geh links, geh rechts, magst lieben oder hassen:
Doch sollst du deine Straße nicht verlassen!

Und bei der nächsten Kreuzung wirst du sehen,
dass auseinander nun die Wege gehen.
Wähl den richtigen! Dein Herz wird sprechen!
Gehst in die Irre du, dann wird sich's rächen!

Und merkst du, dass du dich im Weg geirrt,
kehr um! Nimm den, der dich dann richtig führt!
Hast du dein Ziel am Ende dann erreicht,
von dir die Spannung ganz allmählich weicht.

Denn wenn du immer hörst auf dein Gewissen,
wirst auf der Straße du wohl nichts vermissen.
Auch wenn der Weg dir oft erscheint zu steil.
Es führt kein andrer aufwärts dich zum Heil!

Blickst du auf den langen Weg zurück,
ermisst du erst den sel'gen Augenblick:
Du findest Ruhe dann und Seelenfrieden,
wie er dir unterwegs war nie beschieden!

Sein

Das Sein kommt aus dem Werden.
Dem Sein folgt bald Vergehen.
Alles hier auf Erden
muss im Wind verwehen.

Nur kurze Zeit das Sein
ist Haben. Es zerrinnt
wie Wachs, ist nur Schein.
Dann alles neu beginnt.

Doch ist ein Sein, das währt!
Es lediglich sich wendet.
Verwandelt man erfährt:
Das Werden niemals endet!

Egal

Egal, dass du gegangen bist.
Egal, dass du den anderen liebst.
Egal, dass du mein Auto nahmst.
Egal, dass du zurück nie kamst.

Doch dass du sagst, dass da nichts war.
Dass du es wagst, zu lachen gar,
ist mir bei weitem nicht egal.
Es ist gelogen wieder mal.

Ich ertrag nicht deine Lüge.
Du zeigst mir deine schlechten Züge.
Ich versteh nicht deine Häme.
Das ist's, weshalb ich mich so gräme.

Denk an unsre wilde Zeit!
Dass du zu allem warst bereit,
dass du nie bekamst genug!
Und dass ich dich auf Händen trug!

Egal, dass mich nun nichts mehr freut.
Egal, 's wird heilen mit der Zeit!
Egal, dass mir sehr schlecht zumute.
Egal, ich wünsch dir alles Gute!

Neue Worte

Neue Worte sind's, die du gebraucht.
Der Sinn blieb gleich, nur anders angehaucht.
Was du mir sagen willst, mich nicht erfreut.
Doch dich hat niemals noch ein Wort gereut.

Ich denke doch, du solltest's lieber lassen
und neuen Sinn in neue Worte fassen.
Sie erfüllten besser ihren Zweck.
Und brächten weiter uns auf unsrem Weg.

unterwegs

wer kann wirklich sagen
wohin der weg ihn führt
wie ihn die zeiten tragen
und ob ihm glück gebührt

wie nebel schicksal liegt
das ziel verborgen dicht
nicht immer einsicht siegt
nicht immer ist es licht

durch den strom der zeit
wie im dumpfen traum
treibt das leben weit
bunter seifenschaum

schillernd leichte blasen
verweht von sturmes toben
du kannst sie nicht erfassen
sie sind so leicht gewoben

doch oft vom dunst verdeckt
liegt vor dir ein stein
der sich nicht bewegt
will überwunden sein

ob der weg das ziel
das ziel zu finden ist
du letztlich weißt nicht viel
du unterwegs nur bist

Als du neulich gingst

Als du neulich gingst,
dachte ich bei mir,
dass du mich wohl fingst!
Ich bin verfallen dir!

Was du mit mir gemacht,
ist mir nicht einerlei!
Und ich hab mir gedacht,
dass ich der Stärkre sei!

Doch du hast mich besiegt!
Mein Stolz ist weggefegt,
dir nun zu Füßen liegt!
In mir sich Sehnsucht regt.

Zu allem nun bereit,
was immer du auch willst!
Mein Herz geht auf ganz weit!
Ob du dasselbe fühlst?

Ich harre schon der Stunde,
da wir uns wiedersehen!
Meines Herzens Wunde
wird ganz rasch vergehen!

Küss und liebe mich!
Mit Leib und ganzer Seele!
Will alles sein für dich!
Mich allein erwähle!

eifersucht

schau nicht an
den andern mann
du flirtest ja
ich bin da
red mit mir
tu unrecht dir
stellst du fest
und du lässt
es mich spüren
ich will schüren
zank und streit
es uns entzweit
bei eifersucht
hilft nur flucht
willst mich verlassen
und mich hassen
ich sei schuld
deine geduld
zu ende ist
du treu mir bist
o bleib bei mir
ich schwöre dir
kein gelb wird sein
die farbe mein
das rot der liebe
bei uns bliebe
nur rosenrot
bis zum tod
nur schau nicht an
den andern mann

Der Garten (Mein Mädchen)

Draußen am Rande des Städtchens
steht das Haus meines Mädchens.
Ich kann's kaum mehr erwarten,
zu wandeln in ihrem Garten.

Knospen vor dem Erblühen
im Abendschein sanft erglühen.
Samt'gen Grases Flaum
verheißend mir süßen Traum.

Lockende Rose so rot
scheu zum Kusse sich bot.
Der Zweige Arme so weiß
umfangen mich innig und heiß.

Das nächtliche Blau so tief
aus zärtlichen Augen mich rief.
Im sanften Weiher versinken,
Nektar vom Lotos trinken.

Ruhen hernach voller Glück.
Schon vom Himmel ein Stück.
Hand in Hand mit dem Leben.
Seliges Nehmen und Geben.

Dort, am Rande des Städtchens,
steht das Haus meines Mädchens.
Gar wunderbar ist ihr Garten!
Ob weitere Wunder dort warten?

Karfreitag

Er hat die Herzen gewonnen.
Ihre Seelen tranken sein Wort.
Die Sünden wie Sand zerronnen.
Er wurde den Armen zum Hort.

Die Mächtigen sahen's nicht gern.
Von ihm, da drohte Gefahr.
Der Liebe waren sie fern.
Ihre Macht am entschwinden war.

Das Licht ist gewesen auf Erden.
Brachte Lehre und Segen.
Durfte zu mächtig nicht werden,
die Herzen nicht zu sehr bewegen.

Die neidischen Schriftgelehrten
hassten das Licht der Welt.
Bestachen finstren Gefährten
voll Ehrgeiz mit blutigem Geld.

Er war kein König der Erde,
nicht Herr über irdisches Reich,
nur Hirt der schutzlosen Herde.
Doch vielen war das zu weich.

Verrat durch tückischen Kuss.
Der Tempel erreicht sein Ziel.
Der Prediger sterben muss.
Steht zu viel auf dem Spiel.

Man schrecklich behandelt die Liebe.
Verworfen die Sanftmut und Güte.
Gequält durch der Geißel Hiebe.
Zerstört in des Lebens Blüte.

Das Heil sein Kreuz nun trage.
Die Welt hält den Atem an.
Das Licht entschwindet am Tage.
Gnade voll Hass vertan.

Schmachvoll erhöht unter Schmerzen,
von Dornen gekrönt voller Hohn,
wenden ab sich die Herzen.
Ein gar erbärmlicher Lohn.

Verzeihend und mild noch im Tod,
besiegt er das hassvolle Böse.
In der höchsten denkbaren Not
er will, dass er uns erlöse.

Dem finsteren Kerker entfliehen
durch das geöffnete Tor
die jubelnden Seelen. Sie ziehen
in die ewige Freiheit empor.

karfreitag heute

das gute ans kreuz geschlagen
die liebe rot zerrinnt
niemand darf es wagen
was ihm nicht geziemt

leg mit der macht dich an
verdamme den verrat
du wirst bald sehen dann
wer das recht wohl hat

wie früher ist es heute
man bricht was sich nicht beugt
wer belehrt die leute
von freiem geist wohl zeugt

das kann man nicht gebrauchen
stört ihre bösen kreise
die scheiterhaufen rauchen
nur auf andre weise

der morgen

die nacht überwunden
vorbei traumes macht
die schatten verschwunden
dämmrung erwacht
im schlafe geborgen
verweilen man mag
herauf zieht der morgen
jungfräulicher tag
die chancen bereitet
schicksal sieht zu
die wege es weitet
oder schließt sie im nu
morgenlicht
himmel rot malt
der tag anbricht
die sonne erstrahlt

heute abend

am diesem abend endlich
darf ich dich wiedersehen
soviel zeit verstrich
ich konnt es nicht verstehen
hab so sehr gelitten
vor sehnsucht fast gestorben
musst so innig bitten
hab dich lang umworben
doch dann warst du bereit
zu treffen dich mit mir
wie hat mich doch gefreut
dein brief vor meiner tür
mein herz vor freude singt
ich werde es dir schenken
es dir liebe bringt
und soll dich zu mir lenken
heut im abendschimmer
werd ich dich wiedersehen
sollte sein für immer
dass wir zusammen gehen

Schicksals Lauf

Wer weiß denn schon, was kommen wird?
Irgendwie geht's immer weiter.
Das Schicksal oft ein Teufel schürt.
Nicht jeder Tag ist froh und heiter.

Doch sollte man es wirklich glauben,
dass alles ist zumeist nur schlecht?
Lass dir nicht die Hoffnung rauben,
am End doch vieles wird noch recht.

Erst wenn viel Zeit verstrichen ist,
der Blick für's Ganze sich noch weitet.
Bis zu dem Ende seiner Frist
man unverdrossen weiterschreitet.

Denn wenn du auf andre schaust,
deren Los viel schlechter scheint,
du doch noch auf die Hoffnung baust.
Man alle Kräfte dann vereint.

Und blickst zurück du auf dein Leben,
merkst du, dass du viel versäumt.
Hättest können Bess'res geben,
hast kaum getan, was du erträumt.

Drum mache dich nicht selber klein!
Nütz die Räume deines Handelns!
Setz dein Sein über den Schein
für die Zeit des Erdenwandelns!

Gib mir deine Hand

Komm und gib mir deine Hand.
Bin so froh, dass ich dich fand.
Ich möcht mit dir gemeinsam gehen.
Mit dir nur alles Schöne sehen.

Ich hoffe sehr, dass es so bleibt.
Und Liebesbaum viel Blüten treibt.
Von and'ren bald enttäuscht ich war.
Das Glück zerrann so ganz und gar.

Mein Herz vor Sehnsucht schlägt so schnell.
Mit dir, da ist die Sonne hell.
Der Sternenhimmel tiefer strahlt.
Der Mond mir silbern Bilder malt.

Mein Gefühl vor Kälte schlief.
Dein reizend Antlitz bannt mich tief.
Dein Lächeln wie der Frühling blüht.
Nun meine Seel von Lieb' erglüht.

So reich mir deine kleine Hand.
Umwunden von der Liebe Band.
Wir wollen halten uns ganz fest.
Für unsres weitren Lebens Rest.

ruin

als ich ging
war ich froh
die seele hing
irgendwo
hoch oben
unbenutzt
dicht umwoben
fast verschmutzt
hab sie verloren
wie mein herz
will nicht schmoren
fühl'n den schmerz
ganz verdorben
nur durch dich
wär dran gestorben
sicherlich
bin dir entkommen
fehlt nicht viel
ist verglommen
das gefühl
fortan leben
ohne seele
nicht ergeben
ich erwähle
lass sie zurück
schnell weiterziehn
dies liebesglück
wär mein ruin

Das Lied der Amsel

Die Amsel hat heut früh gesungen.
Sie hat begrüßt den neuen Tag.
Ihr Lied hat mir nicht froh geklungen.
Weiß sie, was da kommen mag?

Ich will heut noch von hier fort.
Gehe in ein fremdes Land.
Muss verlassen nun den Ort,
wo ich meine Liebste fand.

Sie will nun nichts mehr von mir wissen.
Hat vergessen unser Glück.
Sie will jetzt einen andern küssen.
Lässt mein armes Herz zurück.

Ob mir auch dort die Amsel singt?
Singt von Heimat und vom Lieben?
Ob sie mir wohl Kunde bringt,
wo meine Liebste ist geblieben?

Sing mir, Amsel, von der Treue!
Sing mir vom verlornen Glück!
Steig hinauf in Himmels Bläue!
Flieg zu meinem Schatz zurück!

Erzähl ihr nur von meinem Schmerz!
Dass ich verlass mein Land vor Gram!
Sag ihr, zerbrochen ist mein Herz!
Und dass sie mir die Hoffnung nahm!

Die Amsel hat ihr Lied gesungen.
Süß und traurig klang es mir.
Es ist so bang in mir verklungen.
Es hat erzählt mir nur von dir.

Liebesleid - Liebesfreud

Mädchen, warum weinst du?
Scheint nicht so schön die Sonne?
Flieg doch dem Himmel zu!
Singe doch vor Wonne!

    Ach, wie kann ich singen!
    Er hat mich doch verlassen!
    Was soll mir Freude bringen?
    Ich könnte ihn jetzt hassen!

Er ist es doch nicht wert!
Wie kann er dich verschmähen?
Hat dich doch einst begehrt!
Will dich nun nicht mehr sehen?

    Es war so schön bei ihm!
    Er hat mich heiß geküsst!
    Geliebt mich ungestüm!
    Gab mir, was ich vermisst!

Ich weiß wen, der dich liebt!
Was immer dir auch fehlt:
Er gern dir alles gibt!
Er hat dich längst erwählt.

    Sag, wer ist das bloß?
    Ist er ein lieber Mann?
    Die Sehnsucht ist gar groß!
    Ich nähm ihn gerne an!

So nimm denn mich, mein Kind!
Und still mir mein Begehren!
Gib dich mir geschwind!
Sollst dich nicht verwehren!

    So sei du gut mit mir!
    Nimm mich mit Seel und Leib!
    Will gern sein alles dir!
    Bin fortan dein Weib!

Nun komm! So sei es denn!
Jetzt kannst du wieder lachen!
Ich vor Liebe brenn!
Zeig dir schöne Sachen!

    Ich komme gerne mit!
    Sei sanft und stark zugleich!
    Ich lang genug schon litt!
    Führ mich ins Himmelreich!

Mädchen, warum weinst du?
Scheint nicht so schön die Sonne?
Flieg doch dem Himmel zu!
Singe doch vor Wonne!

    Ach, wie kann ich singen!
    Ich kann es gar nicht fassen!
    Was soll mir Freude bringen?
    Auch er hat mich verlassen!

Ein Jahr ist schnell vorbei

Ein Jahr zumeist ist schnell vorbei,
besonders, wenn man rückwärts blickt.
Geschehen ist so allerlei,
was das Schicksal halt so schickt.

Nicht alles war nur schön und gut.
Mal war's zu trocken, dann zu nass.
Die Kälte wechselte mit Glut.
War vieles ernst, doch gab's auch Spaß.

Gemeinsam sich des Lebens freuen.
Man zwar nicht immer war gesund.
Doch musste man zufrieden sein.
Zu ernster Sorge war kein Grund.

Das neue Jahr nun vor uns liegt.
Beginnen es voll Zuversicht.
Wir nehmen, was uns wird geschickt.
Ob wir es wollen oder nicht.

heiterkeit

heiterkeit
ein farb'ger fleck
in grauer zeit
schafft trauer weg
ins herz sie strahlt
macht augen hell
sie blumen malt
bringt freude schnell
der sonnenschein
der eig'nen seele
macht sorgen klein
sie sich vermähle
mit der kraft
auf diese weise
sie es schafft
still und leise
zu bestehen
auch das schwere
macht vergehen
oft die leere
leuchtet weit
in andrer schmerz
macht sie bereit
für freud'ges herz
bei deinem wandern
durch die zeit
hilf dir und andern
mit heiterkeit

Du

In meinem Kopf bist immer nur du!
In meinem Herzen nur du immerzu!
Mein ganzes Sein und Leben du bist.
Wie hab ich dich schon immer vermisst!

Mein Herz hat gefunden das fehlende Stück.
Jetzt schlägt es so selig vor lauter Glück.
Das trostlose Grau erblüht wunderbar.
Träume der Liebe wurden nun wahr.

Verschwunden sind die düsteren Schatten.
Vergangen die Sorgen, die gequält mich einst hatten.
Erblüht sind nun Rosen, wo einstens nur Steine.
Überwachsen von Blumen die bleichen Gebeine.

Du! Mein Wesen ist heller durch dich!
Die finstere Nacht der Sonne wich.
Du, die der Düsternis Einhalt gebot.
Erschufst ein schimmerndes Morgenrot.

Dich zu lieben ist höchstes Glück.
Du brachtest die Freude mir wieder zurück.
Du bist der einzige Ort, wo ich bin.
Nie mir das Leben schöner erschien.

wunderblüte

im nebel dicht
rot erglühte
schicht für schicht
die wunderblüte
strahlt wie sterne
voll verlangen
aus der ferne
ist gefangen
wer sie sieht
sehnsucht heiß
ruh entflieht
um jeden preis
muss man hin
das ganze leben
vom beginn
wird zum streben
wünsche maßlos
eis'ger bann
begierde groß
macht gewann
gaukelt vor
höchstes glück
o du tor
bleib zurück
die blüte wird
dich verzehren
zum abgrund führt
dein begehren

meditation

versinken in der tiefe
deiner seele
es war als ob sie riefe
komm und wähle
willst du flüchtig leben
unbeschwert
oder doch erstreben
was von wert
die wunder ich dir zeige
die dir gegeben
doch ich dir verschweige
düstres leben
buntes wahngebilde
führt mich hinan
in die traumgefilde
wo fortan
meine heimat sei
schnell vergehen
ist alles einerlei
kein verstehen
verwehen nur im traume
nichts mehr missen
halten nicht im zaume
das gewissen
versinken in der nacht
verlockt vom bösen
verlieren letzte macht
von allem lösen
die seele schnell mich mahnt
hör auf mich
du hast es stets geahnt
bin da für dich

das licht das mir gegeben
muss dir auch dienen
verhilft dir neu zu leben
kannst heil gewinnen
die stimme leise spricht
ist kaum zu hören
folge deinem licht
sollst dich nicht wehren
ich tauche aus dem traum
hab mich besonnen
find mich im hellen raum
dem tod entronnen

Später Nachmittag

Fühle das Leben,
das durch die Adern dir fließt.
Ihm sich ergeben
die ganze Welt dir erschließt.

Spüre die Kraft,
die immer noch ist dir zu eigen.
Die Leidenschaft,
die dir den Himmel kann zeigen.

Gehe hinaus,
erstürme die Gipfel der Berge.
Bleibe zu Haus,
erschaffe noch geistige Werke.

Noch bist du nicht alt,
kannst noch vieles vollbringen.
Dein Blut ist nicht kalt,
magst mit den Jungen noch singen.

Aber halte auch Maß,
kannst nicht aus dem Vollen mehr schöpfen.
Hab ruhig noch Spaß,
magst eine Flasche noch köpfen.

Doch denk an das Ende,
wie lange mag es noch währen?
Schnell kommt die Wende.
Dann bleibt dir nur noch Begehren.

(be)drohung

rot wie blut
gelb wie mais
gedankenkröten kriechen
sei auf der hut
hoch ist der preis

sollst nicht hassen
stets tolerant
gilt das für alle gleich
einbahnstraßen
nicht anerkannt

angst wovor
freiheit dräut
gefahr gefahr gefahr
macht geht vor
früh eingebleut

wer gibt richtung
staatsraison
wind halme biegt in reih
folgt vernichtung
falscher ton

gelb und rot
neid und Hass
wo sind die gedanken
es ist der tod
drauf ist verlass

Leben

Der Traum zieht vorbei.
Kaum weißt du es noch.
Bilder so scheu.
Geschehen ist es doch.

Gar manches noch klar.
Doch vieles versunken.
Falsch oder wahr.
Im Zeitstrom ertrunken.

Der Weg ohne Umkehr.
Flieht haltlos dahin.
Wie Wogen im Meer.
Macht Sinnloses Sinn?

Glück wie ein Blitz.
Doch klebrig die Last.
Verlust und Besitz.
Genommen, verpasst.

Kaum greifbar die Tat.
Fliegende Fahnen.
Was wird aus der Saat?
Leben als Ahnen.

Besinnung

Du siehst den Weg nicht mehr vor dir.
Fest verschlossen scheint die Tür.
Was mag es sein, das dich jetzt hindert?
Ist nichts, was deine Zweifel lindert?

Es scheint, ein Punkt ist nun erreicht,
wo die Tat der Ruhe weicht.
Innehalten und erfühlen.
Mit den Möglichkeiten spielen.

Nötig ist's von Zeit zu Zeit!
Für Neues machen sich bereit.
Die Kräfte sammeln in der Stille.
Aus dem Stillstand reift der Wille.

Und, sieh da, aus Seelenschweben
steigt auf einmal neues Leben!
Wo Freiheit ist, und nicht das Muss,
das Ahnen schnell führt zum Beschluss.

Ein neuer Weg tut sich dann auf.
Eröffnet frischer Taten Lauf.
Was als Hemmnis dir erst schien,
erweist sich jetzt als Neubeginn!

Glückliche Rettung

Silberweiß des Mondes Licht
sich im dunklen Wasser bricht.
Hell umflossen von dem Schein
stehst du am Ufer dort allein.

Traurig siehst du drüber hin.
Niemand so hold mir je erschien.
Wie eine Fee im weißen Kleid.
Den Kopf gesenkt vor stillem Leid.

Geheimnisvoll dein Schleier weht.
Mein Herz vor Sehnsucht fast vergeht.
Möcht dich in meine Arme schließen.
Und dich still und zärtlich küssen.

Darf dich nur von ferne sehen.
Wäre sonst um uns geschehen.
Bist einem andern doch bestimmt.
Morgen er dich mit sich nimmt.

Kann noch was retten unsre Liebe?
Ob Flucht uns jetzt noch übrig bliebe?
Doch dafür ist es wohl zu spät.
Kein Weg für uns mehr offensteht.

Du scheinst zu mir jetzt herzusehen.
Wie bist du doch so wunderschön!
Ein Märchenwesen geisterhaft.
Voll von geheimnisvoller Kraft.

Doch mich verbirgt die finstre Nacht.
Bin vom Schatten überdacht.
Du bist allein mit deinem Schmerz.
Kein Trost bleibt für dein armes Herz.

Erhebst zum Himmel still den Blick.
Es gibt für dich nun kein Zurück.
Ich seh voll Schrecken und Entsetzen
dich den Schritt ins Wasser setzen.

Laut mein Schrei die Nacht durchgellt.
Wenn du zu sterben hast gewählt,
so sollst du gehen nicht allein.
Ich will dein treu Gefährte sein.

Im Leben war's uns nicht erlaubt.
Man hat uns unser Glück geraubt.
Sollen sie doch um dich weinen.
So wird der Tod uns jetzt vereinen.

Ich nehm zusammen meinen Mut
und stürz mich in die kühle Flut.
Ich will zu dir, um Hand in Hand
zu sinken an den fremden Strand.

Und als ich deine Hand ergriffen,
mit dir zu sinken in die Tiefen,
der Wunsch zu leben heiß erwacht.
Haben wir das recht bedacht?

Mit letzter Kraft zum Ufer hin.
Gewandelt unser schlechter Sinn.
Wir sahen uns am Strand gerettet.
Ich hab dich in den Sand gebettet.

An Wassers Rand, wo ich gestanden,
wir uns letztlich wiederfanden.
In meinem Arm bist du erwacht.
Die Treu hat uns das Glück gebracht.

Wir sind dem Schicksal knapp entronnen.
Die Freiheit haben wir gewonnen.
Der Umweg führte uns zum Ziel.
Doch war es ein gefährlich Spiel.

Am andern Tag sie nach dir suchten
in des Teiches stillen Buchten.
Den weißen Schleier fand man dort.
Wir waren fern schon diesem Ort.

Man beklagt dein schlimmes Ende.
Bereut gar innig diese Wende.
Würden vieles dafür geben,
wärst du glücklich noch am Leben.

Jetzt glauben sie dich kalt und tot.
Dass du beendet deine Not.
Betonen lauthals ihre Güte.
Wärst du nur in ihrer Mitte!

Warum die Herzen hart geblieben
bei der, die innig sie doch lieben?
Doch als sie hatten noch die Zeit,
sie waren zur Milde nicht bereit.

Die Toten reuig zu beweinen,
lässt manchen gütig wohl erscheinen.
Doch nur den Lebenden zu dienen,
heißt des Himmels Lohn gewinnen!

lebenston

aufstrebender ton
weithin schallt
ebbt so breit davon
still verhallt
weckt erinnerung
lang vergessen
weißer tag so jung
unermessen
farben die ihm warden
von grau bis bunt
klänge die da harrten
von spitz bis rund
seele bange fragt
welche klänge
herzens strikter takt
fühlt die enge
die partitur verstanden
werk erklungen
kam sie doch zuschanden
da schlecht gesungen
war der akkord wohl voll
folgt den noten
in dur oder in moll
wie's war geboten
kommt zuletzt applaus
ziel des lebens
buhen sie dich aus
war es vergebens

Kurzes Glück

Wie lange, glaubst du, währt das Glück?
Länger als 'nen Augenblick?
Es als sehr flüchtig sich erweist,
wenn du's zu halten dich erdreist!

Du sollst es besser niemals wagen,
es zu denken, es zu sagen,
wie froh du bist, wie gut's dir geht!
Das Schicksal gleich das Übel sät.

Kurzes Glück! Freu dich schön still!
Erinnrung bleibt an das Gefühl.
Dir wird genommen und gegeben.
Mit Gleichmut nimm drum hin das Leben.

einbahnstraße

das leben eine einbahnstraße
die frage ständig mich bedrängt
ist wichtig mir in hohem maße
was ist es das mir klarheit schenkt

des lebens richtung umzukehren
als nicht möglich sich erweist
es hilft hier auch kein aufbegehren
der strom der zeit dich mit sich reißt

eine einbahn ist das leben
kaum dass du geboren bist
sich die zwänge schon erheben
schicksal deine zeit bemisst

doch keine einbahn will mir scheinen
ist's wenn du zur seite schaust
viele wege sich vereinen
mit deinem wenn du fest vertraust

denn im nehmen und im geben
lieben helfen glauben hoffen
gemeinsam nach dem besten streben
jede richtung dir steht offen

Wahre Liebe

Ein Mädchen einmal dir begegnet.
Allerliebst und wunderschön.
Scheint nun Sonne, wo's geregnet.
Willst mit ihr auf höchste Höhen!

Hast du Glück, auch sie dich liebt.
Leert mit dir den Kelch der Wonne.
Doch wenn sie einen Korb dir gibt,
wird dunkel deines Herzens Sonne.

Ein andres Mädchen will dich heiß!
Ihr Blick verspricht dir Himmelsfreuden.
Doch sehr bald sie es dann weiß:
Du liebst sie nicht und willst sie meiden.

Oft wird Liebe dir zuteil
von Menschen, die du nie gekannt.
Auf deinem Weg über das Seil
sie reichen stützend dir die Hand.

Liebe kannst du nicht erzwingen.
Ist ein Geschenk und kein Verkauf.
Auf wahrer Liebe Engelsschwingen
fliegst du endlos weit hinauf.

Wahre Liebe ist's, zu geben,
ohne dass man auch was kriegt.
Ist das Schwerste wohl im Leben.
Doch diese reine Liebe siegt.

was gefällt mir so an dir

was gefällt mir so an dir
dass ich nicht schlafen kann bei nacht
in meinem herzen ich dich spür'
du hast mich so verliebt gemacht

dein lächeln ist's und wie du schaust
wie du dich zärtlich an mich schmiegst
zeigst mir wie du mir vertraust
wenn du in meinen armen liegst

horch sie spielen unser lied
das war unser erster tanz
war traurig als ich von dir schied
mein herz gehörte dir gleich ganz

doch wir sahen uns bald wieder
gingen miteinander aus
anfangs wohl noch brav und bieder
doch wurde schließlich mehr daraus

ich freu mich auf ein wiedersehen
möchte dass du bei mir bist
dass miteinander wir stets gehen
dass du mich niemals mehr vergisst

wirst mir auch später noch gefallen
wenn wir schon lange sind vereint
ich hab am liebsten dich von allen
mit dir mir stets die sonne scheint

regen

regen auf die stadt
dichte wolken jagen
fühle mich so matt
muss mein geschick beklagen
du hast mir nur geschrieben
ich fast zu sterben meinte
du kannst mich nicht mehr lieben
nicht nur der himmel weinte
drei wochen fiel der regen
gefangen im gefühl
alles deinetwegen
der schmerz ward mir zuviel
fieber mich verzehrte
versank im abgrund tief
wie ich dich begehrte
mein herz nur nach dir rief
dann plötzlich kam das blau
durch den dunst erst klein
ich den himmel schau
dann hellsten sonnenschein
zum leben neu ich fand
leichter ward mein leid
mit dem regen schwand
auch meine traurigkeit
bin zwar noch allein
doch winkt mir neues glück
mit dem sonnenschein
kehrt auch die lieb zurück

Gut

Du denkst, du wahrlich wüsstest was.
Du glaubst, du hättest wirklich Mut.
Du meinst, du hieltest immer Maß.
Du hältst dich meistens auch für gut.

Doch welchen Maßstab legst du an?
Blickst du auf die, die unter dir?
Die höher ziehen ihre Bahn?
Deine Meinung sagt es mir!

Zufriedenheit ist eine Tugend.
Doch zuviel davon dich hemmt.
Leg ab den Übermut der Jugend.
Bescheidenheit ist ihr meist fremd.

Auf des Errungnen Boden stehen.
Ins Aug gefasst ein hohes Ziel.
Die eignen Fehler ehrlich sehen.
Sich aufzuschwingen, wenn man will.

Es zeugt dies von besondrem Wissen!
Das erfordert auch viel Mut!
Besser werden ohne Müssen!
Das allein ist wirklich gut!

unwetter

landschaft im sonnenlicht
lufthauch warm drüber hin
licht im wasser sich bricht
alles so friedlich schien

glasklar ruhig die tage
im ewigen gleichklang verstreichen
nagend erhebt sich die frage
ob langeweile wird weichen

gewölk dunkel sich hebt
fast nicht merkbar von fern
ganz plötzlich sturm auflebt
war dumpfer donner zu hören

vorbei die ruhige zeit
sinnlos vertan und verstrichen
frieden so endlos weit
war düst'ren wolken gewichen

o verwerfliches wollen
zerstreuung neue erfahrung
zog an das donnergrollen
blitzen erst gab die nahrung

erlebtes bitter jetzt schmeckt
das verlorne begehrt
heiße sehnsucht geweckt
nach allem was nun verwehrt

den bösen wunsch gar bereut
o sonne kehre zurück
gib wärme und lichte zeit
für ewigen augenblick

Lass los

Die Gedanken streifen
frei und kühn dahin.
Sie im Verborgnen reifen,
scheinbar ohne Sinn.

Such nicht mit Kampf zu finden,
was du so heiß begehrst,
sonst wird sich dir entwinden,
was du mit Macht beschwörst.

Lass rasch die Zügel los!
Erschließt sich weites Land.
Ideen fremd und groß.
Manch Zweifel schnell verschwand.

Was du gesucht so heiß,
im Schlaf wird's dir gegeben.
Dein Geist stets alles weiß!
Lass los, und du wirst leben!

Quälende Melodie

Quälende Melodie.
Endest du wohl nie?
Bist mit Blut geschrieben.
Wo ist das Glück geblieben?

Singst mir von den Stunden,
wo ich einst Lieb gefunden.
Klingst so süß und mild,
zeichnest mir ihr Bild.

Doch dann die Pauke kündet,
dass man nicht Treue findet.
Mich nicht lang mehr quäle!
Schenk Frieden meiner Seele!

Melodie, schweig still!
Verloren das Gefühl.
Verstummt der Herzenston.
Sing nicht mehr davon!

Kleinmut

Manchmal die Zeit dich lähmt.
Sie fließt vorbei so träge.
Dein Kleinmut dich beschämt.
Gibt's was, das dich bewege?

Du weißt es zwar tief drinnen,
doch fehlt die Kraft zum Handeln.
Du möchtest neu beginnen,
auf breiten Straßen wandeln.

Der Zweifel ist gar mächtig.
Es fehlt an Selbstvertrauen.
Anderes ist prächtig
und herrlich anzuschauen.

Das könntest selbst du nie,
die falsche Schlange höhnt.
Verruchte Melodie
in deinen Ohren dröhnt.

Doch hör genauer hin,
dein Genius dir rät.
Kommt nicht dir in den Sinn,
dass sie nur Zwiespalt sät?

Das kannst du alles auch!
Vielleicht sogar noch besser!
Verjag den dunklen Rauch!
Erricht statt Häusern Schlösser!

Schlaf weiter und verlier!
Oder auf's Neu beginn!
Befrei den Geist in dir!
Kann bringen nur Gewinn!

sehnen

wind so lau blütenduft
frühlingsblau lockend ruft
herzens enge heißes sehnen
dumpfe zwänge bittre tränen
vages ziel dunkle sonne
wirres spiel schmerz und wonne
unstet irren endlos schweifen
lust verspüren nichts begreifen
suchen finden sel'ges schweben
fassen binden zeit zu leben

Der Strom

Der Strom fließt träg dahin.
Unschlüssig scheint er fast.
Mein Herz versinkt darin.
Die Strömung es erfasst.

Doch sucht es Ruh und Frieden.
Erschöpft von Lebens Bürde.
Von seiner Lieb geschieden.
Verloren alle Würde.

Der Fluss zieht stetig weiter
durch Lande wechselhaft.
Wird tiefer und auch breiter,
gewinnt dazu viel Kraft.

Nimmt andre Wasser auf,
nicht kleiner oft als er.
Vergrößert seinen Lauf,
bis er erreicht das Meer.

O würd mein Herz ihm gleichen!
Gewinnen neue Kraft.
Mög die Trübsal weichen
neuer Leidenschaft!

Im Meer des Glücks versinken.
Verschmelzen mit der einen.
Von ihren Lippen trinken.
Sich noch im Tod vereinen.

Buch 2

Im Sternenschein

Erschienen 2007

Die Grundfragen des Lebens in allen Facetten hat schon immer den suchenden Menschen beschäftigt. Ernste und besinnliche Momente des Lebens werden in diesem Band dichterisch aufgearbeitet, jedoch nie ohne eine Prise Humor und Ironie. Und letzten Endes steht über allem Schwierigen stets auch die Hoffnung. Hoffnung, ohne die das menschliche Leben nicht zu ertragen wäre. Besondere Bedeutung kommt in dieser Gedichtesammlung dem Naturerleben im Kreislauf der Jahreszeiten in deren realen und übertragenen Bedeutung zu.

Der Gruß der Liebsten

Ich saß einsam dort beim Baum.
Wie einst mit dir so fein im Schatten.
Hatte einen schönen Traum.
Von all den Dingen, die wir hatten.

Lang ist es her, dass Hand in Hand
wir tief genossen unser Glück.
Lagen friedlich dort am Strand.
Denke sehnsuchtsvoll zurück.

Viel zu früh du musstest gehen.
Ich war allein, so ganz verlassen.
Muss alles, was so schön, verwehen?
Muss Liebesrot so schnell verblassen?

Plötzlich fällt vom Baum ein Blatt.
Sinkt hernieder auf mein Herz.
Mein Schatz es wohl gesandt mir hat.
Soll trösten mich in meinem Schmerz.

Liebkosung

Wer soll mich jetzt denn noch liebkosen?
Wo du doch nicht mehr bei mir bist!
Wer streut mir noch die roten Rosen?
Wer ist es denn, der mich jetzt küsst?

Der Wind nun zärtlich mich berührt.
Über die Haut er sanft mir streicht.
So hast du mich dereinst verführt.
Hast spielend leicht mein Herz erreicht.

Die Sonne mich statt dir jetzt küsst.
Fast wie einst dein Mund so heiß.
Wo er so gewesen ist,
außer mir wohl niemand weiß.

So lieg ich träumend in der Sonne.
Hingegeben Windes Hauch.
Verspür noch einmal all die Wonne.
Wünsch mir, dass du spürst sie auch!

Reiseglück

Last abstreifen.
Muße finden.
Glück ergreifen.
Hast muss schwinden.

Augenblick.
Süß und flüchtig.
Halt ihn zurück.
Erfass ihn richtig.

Die Sorgen fern.
Sie nicht mehr quälen.
Dafür nachts
die Sterne zählen.

Sollt immer sein.
Nicht nur auf Reisen.
Des Daseins freuen.
Mut beweisen.

Grauer Alltag
Blüten treibt.
In Herzens Schlag
Erinnerung bleibt.

Das Absolute

Worte fließen.
Hoher Sinn.
Der Seele Fragen.
Ist's Gewinn?

Dunkles Ahnen.
Begriffe finden.
Bedenken mahnen.
Sätze winden.

Alles schal.
Worte fehlen.
Begriffswirrsal.
Welches wählen?

Herz schwingt hoch.
Will es künden.
So sag es doch!
Kann's nicht finden!

Da ist kein Wort!
Ein Ton klingt weit.
Wird zum Akkord.
In Ewigkeit.

Unstillbares Begehren

Mit spitzen Dolchen sticht der Tag.
Hinaus ins gellend laute Leben.
Die Nacht nicht lange wohl vermag
uns Geborgenheit zu geben.

Die Nacht hat uns so fein umhüllt.
Zu kurz für sehnsuchtsvolle Herzen.
Hat kaum die Liebe uns gestillt.
War nicht verglüht das Licht der Kerzen.

Wir lagen fest uns in den Armen.
Zärtlich und voll stiller Kraft.
Kann nicht Amor sich erbarmen
unsrer heißen Leidenschaft?

O Liebste, wartest du auf mich?
Wieder komm ich heute Nacht!
Freu mich voll Ungeduld auf dich.
Wüsst' nichts, was mir mehr Freude macht!

Dann umfängt mit blauer Seide
und schwarzem Samt die laue Nacht
voll sanfter Zärtlichkeit uns beide.
Hat uns schon das Bett gemacht.

Versinken in der Liebe Tiefen.
So viel vermisst den ganzen Tag!
All die Wünsche, die bloß schliefen,
sind erwacht auf einen Schlag.

Liebte dich von Anbeginn.
Endlos groß ist mein Begehren.
Mit dir verschmelzen ist mein Sinn:
Liebesnacht soll ewig währen.

Gottesfunke

Mut entschwindet leicht.
Es bedarf nicht vieles!
Einiges erreicht,
doch abseits des Zieles.

Auch Hoffnung leicht zerrinnt,
stellt nicht Erfolg sich ein.
Dunkelheit beginnt
bereits im Sonnenschein.

Wie steht es mit Vertrauen?
Auf die eigne Kraft?
Auf Gottes Hilfe bauen?
Jenseits der Leidenschaft?

Zweifel muss vergehen.
Ein Funken aus der Sonne.
Doch mit Macht versehen.
Einklang führt zum Lohne.

Verstand und Gefühl

Fühlen? Denken?
Was wiegt mehr?
Schicksal lenken
scheint zu schwer.

Widerstreit
der Gefühle
bringt weit dich ab
von deinem Ziele.

Die Ratio spricht:
Ist doch klar!
So geht das nicht!
Nur ich sprech wahr!

Sieh's mit Verstand!
Ich helfe dir!
Gib mir die Hand!
Es steht dafür!

Doch das Herz,
es sträubt sich sehr:
Es macht mir Schmerz
dein Begehr.

Das geht nicht gut.
Wirst es sehen!
All dein Mut
wird vergehen!

Sei logisch streng,
spricht der Verstand.
Der Weg ist eng
durch Lebens Land.

Klar das Gesetz!
Es wird dich führen.
Kein Geschwätz!
Du kannst nicht irren.

Ich nicht verhehle
mein Bedauern,
sagt die Seele.
Muss erschauern.

Da ist zwar Recht.
Doch auch Kälte.
Wäre schlecht,
wenn nur das zählte.

Wo bleibt die Liebe?
Das Verstehen?
Milde übe!
Und es wird gehen!

Verstand stellt dar
den festen Rahmen.
Er bewahr'
den guten Samen.

Die Herzenswärme,
sie gibt Leben!
Nach der Mitte
sollst du streben!

In der Schwärze der Nacht

In der Schwärze der Nacht
streif ich dahin so allein.
Mein Schmerz ist wieder erwacht.

Ruhlos und ohne Ziel,
voll Reue und voller Pein,
getrieben von bittrem Gefühl.

Ich hab dich verlassen, ich Narr!
Habe nicht geglaubt deine Treue!
Wie von Sinnen ich war!

Du hast mir gesagt, dass ich irrte.
Immer wieder aufs Neue!
Verletzter Stolz mich verführte.

Ich habe dir unrecht getan.
Das weiß ich jetzt ganz genau.
Doch darf ich mich dir noch nahen?

Erwacht ist auf einmal der Mond.
Sein höhnisch Gesicht ich erschau.
Nicht einmal er mich verschont.

Send einen Strahl doch zu ihr!
Erzähl ihr von meinem Schmerz!
Wie sehr ich büße dafür!

Sag ihr, dass nichts mir geblieben!
Dass bei ihr ist mein Herz!
Dass ich sie ewig werd' lieben!

Experten

Wenn wir sie nicht hätten, die Experten,
all die weisen Männer, die gelehrten,
niemand wüsst' mit Anstand noch zu leben
und nach dem wohl Richtigen zu streben.

Doch halt! Hast du gehört, was sie da sagten?
Was sie ernsthaft dir zu raten wagten?
Du fragst, wo die Vernunft geblieben ist.
Den Hausverstand meist schmerzlich du vermisst.

Sommertag

Stiller Morgen, Luft so klar.
Frieden ausgebreitet war.
Die Vöglein haben, kaum erwacht,
ein Morgenlied sich ausgedacht.

Die Sonne steigt aus purpurn Glanz
empor, wird schließlich golden ganz.
Verspricht ein heißer Tag zu werden.
Ein richt'ger Sommertag auf Erden.

Es flimmert bald die dunst'ge Luft.
Aus goldnen Äckern steigt der Duft
des reifen Kornes heiß empor.
Durchs Gelb lugt roter Mohn hervor.

Die Lerch' am Himmel jubiliert.
Das Glück des Augenblicks sie spürt.
Des Menschen Brust wird selig weit.
Genießt die schöne Jahreszeit.

Ein leichter Wind weht drüber hin.
Das Korn wie's Meer zu wogen schien.
Bald wird es dann zu ernten sein.
Den Landmann wird's wie uns erfreu'n.

Senkt der Abend sich dann nieder,
stiller wird's und kühler wieder.
Man sitzt vorm Haus, genießt die Ruh,
und hört den Abendglocken zu.

Du gehst zu Bett, wenn's dunkel ist.
Der Mond zur guten Nacht dich küsst.
Ein Schlaflied singen dir die Grillen.
Du empfiehlst dich Gottes Willen.

Sternenhimmel

Ich schau die Sterne in der Nacht
auf des schwarzen Himmels Grund.
Sie funkeln hell in aller Pracht.
Geben Unendlichkeit mir kund.

Ein Ahnen macht die Seele weit
von Gottes Größe, Lieb und Gnad.
Macht zur Demut uns bereit
vor dem, der dies geschaffen hat.

Ich manchmal fühl ein leises Sehnen
nach den endlos großen Weiten,
die über mir sich dunkel dehnen
seit unsagbar langen Zeiten.

Ist's, weil ich von dort gekommen
und ich einstens dahin gehe,
wenn hier Abschied wird genommen
von der Erde Wohl und Wehe?

Oder ist's die Neugier nur
auf alle diese Herrlichkeiten?
Zu folgen des Kometen Spur,
auf ihm zur Sonne gar zu reiten?

Wird sein von allem wohl ein Stück.
Der Erde Enge zu entfliehen;
zur Sternenheimat kehren zurück.
Ins Haus der Eltern einzuziehen.

So schau ich weiterhin die Sterne.
Gedanken fliegen hoch hinaus.
Und ich möchte, ach wie gerne,
endlich wieder sein zu Haus!

hoffen und bangen

verkümmert das gefühl
seit sie von mir gegangen
sie treibt ein böses spiel

sie lässt mich weiter hoffen
sagt ich soll nicht bangen
es sei noch alles offen

sie hat sich nicht entschieden
doch liebt die freiheit sehr
und lebt jetzt gar zufrieden

ob da ein andrer ist
zu wissen ich begehr
der liebevoll sie küsst

sie verneint die frage
sie will sich bloß nicht binden
für alle weitren tage

ich soll nicht traurig sein
es wird ein weg sich finden
will bleiben noch allein

so warte ich halt weiter
ob sie kehrt zurück
für mich ist das nicht heiter

die hoffnung langsam stirbt
täglich stück für stück
mit ihr die lieb verdirbt

Der Unterschied

Wunderbar, wunderbar,
singt der Mummelgreise Schar.
Seht das Mädchen dort im Bade!
Dass sie im Wasser, ist doch schade!

Sie hat ein reizendes Gesicht.
Was unterm Wasser, sieht man nicht.
Ans Ufer steigen soll sie doch!
Sonst der Herzschlag trifft uns noch!

Sonderbar, sonderbar,
ruft der alten Weiber Schar.
Wieso sie rühr'n sich nicht vom Fleck?
Denn wenn wir baden, sind sie weg!

sommerwald

licht und schatten
wunderbar
vermengt sich hatten
und es war
ein märchenland
das vor mir lag
es verschwand
der grelle tag
mildes licht
im sommerwald
durch zweige bricht
und bilder malt
auf dunklen grund
an weges saum
blüten bunt
die wie im traum
im sonnenschein
mit süßem duft
so himmlisch fein
erfüllen die luft
vogelsänge
in den kronen
zauberklänge
uns belohnen
gefällt's dem waldgeist
er uns schnell
den weg wohl weist
zu der stell'
wo pilz' und beeren
heimlich warten
uns zu bescheren
aus gottes garten

so manches noch
birgt der wald
entdeck es doch
doch tu es bald
eh' sommers zeit
verstrichen ist
ist nicht mehr weit
des herbstes frist

Nach dem Fest

Flauer Magen, voller Bauch.
Die ganze Wohnung stinkt nach Rauch.
Verschwunden jetzt die letzten Gäste.
Zurückgeblieben nur die Reste.

Verwüstet scheint ein jeder Raum.
Geknickt sogar der Gummibaum.
Selbst die Katze ist verschreckt.
Hat sich hinterm Klo versteckt.

Wohin man blickt, da liegen Flaschen.
Auch halbgeleerte Einkaufstaschen.
Und Gläser, die zerbrochen sind,
ich unter Tisch und Kasten find'.

Man ist entsetzt über den Dreck.
Versucht zu räumen ihn hinweg.
Trotz Schädelweh und Magensausen.
Wie ein Schwein mag man nicht hausen.

Plötzlich stolpert man wo drüber.
Da liegt doch wer und ist hinüber.
Es ist der Nachbar, welch ein Graus!
Hat er gefunden nicht hinaus?

Doch gibt er uns ein Lebenszeichen.
Denn er schnarcht zum Steinerweichen.
Ob er nicht abgeht seiner Frau?
Wo die wohl ist, ich gleich mal schau.

Die war viel klüger doch als er.
Sie liegt auf meinem Bette quer.
Sie scheint ein wenig derangiert.
Hoffentlich ist nichts passiert.

Man kann sich kümmern nicht um alles.
Soll'n selber schau'n, im Fall des Falles.
Wir schaffen beide ohne Schonung
mühsam fort in ihre Wohnung.

Das Telefon am andern Tag
läuft heiß, wie man vermuten mag.
„Ein tolles Fest habt ihr gegeben.
Uns ist so schlecht wie nie im Leben!"

Ob das als Kompliment gedacht,
ist ungewiss, jedoch man lacht.
Und denkt sich, werd's nie wieder tun.
Ich brauch ein Jahr, mich auszuruh'n.

Sommernacht

Abendstille leise senkt sich nieder.
Die Vögel enden mählich ihre Lieder.
Die Sonne steigt hinab in rotem Glanz.
Der Dämm'rung laue Luft hüllt ein uns ganz.

Die Dunkelheit hat letztlich überwunden
letzten Dämmerschein. Längst ist verschwunden
des Himmels wunderbare Farbenpracht.
Nun wölbt sich hoch das samt'ne Blau der Nacht.

Ein Stern geht auf, einsam und allein.
Sich auch der Mond erhebt mit kühlem Schein.
Wie zögernd er verharrt an Waldes Rand.
In fahles, kühles Licht er taucht das Land.

Geheimnisvoll sich dort und da was regt.
Manch Getier sich durch die Nacht bewegt.
Ihr monotones Lied die Grillen singen.
Geisterhaft des Käuzchens Rufe klingen.

In Nachbars Haus erlischt bereits das Licht.
Doch zu Bette gehen woll'n wir noch nicht.
Nur sitzen, schauen, lauschen, voller Frieden.
Dem Herzen Ruh und Glück sind nun beschieden.

Ich halte still und zärtlich deine Hand.
Vom tiefen Zauber dieser Nacht gebannt.
Wer weiß, was sie für uns bereit noch hält!
Wir können schließlich tun, was uns gefällt!

Wenn ich an dich denke

Wenn ich an dich denke,
durchfährt es mich so heiß!
Denn eines ich wohl weiß:
Mein Herz ich ganz dir schenke!

Dein Gesicht so süß, dein Mund!
Die schelmischen Augen, dein Lachen!
Und all die andren Sachen,
so lockend und so rund!

Will deine Gunst erringen!
Du sollst dich mir ergeben!
All das mit mir erleben,
was höchste Freud kann bringen.

Noch zierst du dich so fein!
Doch du wirst es sehen:
Du kannst nicht widerstehen!
Wirst bald erobert sein!

Sollst erleben alle Freuden,
die du bisher vermisst.
Wenn Eros dich dann küsst,
wirst sein du nicht bescheiden!

Was ich dir geben will,
sind meine Lieb und Treue
an jedem Tag aufs Neue!
Du bist mein einzig Ziel!

zwei bäume

ein alter baum
dort im garten
am wiesensaum
scheint zu warten
dass ihn erweckt
der sonne licht
und er streckt
die äste dicht
nach oben hin
als wollt' er finden
aus dem ruin
sich entwinden
der gefahr
er schicksalshaft
umwunden war
von efeus kraft
doch er kaum
ringt allein
ein andrer baum
will hilfreich sein
sind verschlungen
fest die beiden
wie durchdrungen
still im leiden
können getrennt
nicht mehr werden
wär ihr end
hier auf erden
doch auch zusammen
sie müssen sterben
muss erlahmen
liebeswerben

ein stiller traum
in dem ihr sehnen
schafft sich raum
in heißen tränen
die früher'n zeiten
in vollem saft
glück bereiten
jugendkraft
wo bleibt der regen
der wie ein wort
kann noch bewegen
was verdorrt
ob andrer stamm
und andrer hain
so dann und wann
könnt besser sein
wozu warten
auf die wende
hier im garten
geht's zu ende

Ein altes Haus

Ein altes Haus an Dorfes Rand.
Abseits der Straße ich es fand.
Ein schmaler Weg führt zu ihm hin.
Niemand wohnt nun mehr darin.

Zerbrochne Scheiben, schiefe Türen.
Keinen scheint das mehr zu rühren.
Durchs Dach voll Löchern regnet's ein.
Zu Haus kann da mehr keiner sein.

Hier Liebesworte einst erklangen.
Ein junges Paar hielt sich umfangen.
Und Kinderlachen füllt' die Räume.
In Erfüllung gingen Träume.

Das Kinderlachen schnell verhallt.
Verließen Haus und Eltern bald.
Die Alten waren dann allein.
Doch sie waren noch zu zweien.

Bald ist verstorben dann der Mann.
Die Alte war allein sodann.
Jetzt trostlos herrscht die Einsamkeit.
All ihre Lieben sind so weit.

Man sah sie sitzen ganz versonnen.
In Erinn'rung eingesponnen.
Vor dem Haus auf einer Bank.
Vor Leid und Einsamkeit ganz krank.

Doch bald die Bank allein dort stand.
Man dann das Haus verlassen fand.
Jetzt sind dort Pflanzen eingezogen.
Und wilde Tauben zugeflogen.

Ein altes Haus als letzte Kunde.
Von Lebensfreud' in froher Runde.
Nur Trümmer blieben dort zurück.
Von einst'ger Lieb und Lebensglück.

schicksalsnebel

lebensweg verborgen
schicksalsnebel dicht
keiner sieht das morgen
schatten oder licht

sorgenpfeile stechen
manchmal balsam tropft
biegen oder brechen
wenn geschick anklopft

ziel im schnee vergraben
ein stück gemeinsam gehen
bescheidne liebesgaben
gefühle eingestehen

nehmen oder geben
wanken wie ein blinder
stetes weiterstreben
hoffend wie die kinder

durch den dunst ein strahl
selten zwar doch grell
er blitzt auf einmal
und vergeht ganz schnell

angst und hoffnung wogen
sorgen wiederkehren
belohnt oder betrogen
verdienten lohn bescheren

verborgner lebensweg
letztes ziel erreichen
queren dann den steg
und alle last muss weichen

Lob

Ein jeder hat es gern,
sein eignes Lob zu hör'n.
Hält's für reine Wahrheit.
Er ist halt so gescheit.

Gilt das Lob 'nem andern,
will er schnell weiterwandern.
Er hält's für ungerecht!
Und macht den andern schlecht.

Stellt's hin als Schmeichelei,
wenn nicht als Heuchelei!
Der andre ist zu dumm!
Ihm selbst gebührt der Ruhm!

Doch ehrlich Lob zu spenden,
schnell das Blatt könnt' wenden.
Müsst' keiner mehr was neiden.
Freude brächt es beiden!

wüste

blicken über stein'ges land
ausgedörrt und wüstengleich
der seele spiegel mancher fand
die totenstarr und knochenbleich
nur dürftig siechte so dahin
beraubt des anstands und der ehre
die sonne sengt das letzte grün
das zeichen noch für hoffnung wäre
letzte träume noch von wiesen
von wäldern voll von reiner kraft
sich als trügerisch erwiesen
verzehrt von böser leidenschaft
hin und wieder fällt noch regen
der zurück das leben bringt
wird der seele dann zum segen
wenn sie um vergebung ringt
ist voll von mühe und entbehrung
zu bringen grün ins land der steine
keiner nehm es als belehrung
soll bloß nicht sein dass jemand weine
o käm zurück doch nur die liebe
zu dem dürstenden gestein
dass die seele grünen bliebe
und nie mehr ausgedörrt könnt sein

Auf dem Weg allein

Auf dem Weg allein.
Verlasse dich auf keinen.
Wirst verlassen sein.
Bestenfalls gibt's einen.

Schwer ist's zu beharren
auf dem eignen Pfad,
der oft erscheint verfahren.
Und wer weiß wirklich Rat?

Verstand und viel Gefühl.
Ein lieber Mensch dir rät!
Ein Strahl vom Himmel fiel.
Der Zweifel bald vergeht.

letzte sonnenstrahlen

letzte sonnenstrahlen
heiße bilder malen
jahr ist fast vorbei
was folgt ist einerlei

bleibt nur erinnerung
als die zeit war jung
voll jugendlicher kraft
und heißer leidenschaft

der tag erstrahlte hell
verging so rasend schnell
erleben und erhaschen
von allen blüten naschen

das jahr ist nunmehr alt
wenngleich es noch nicht kalt
des frühlings macht doch fehlt
die tage sind gezählt

vielleicht wird's auch noch schön
doch kann's nicht lang bestehen
trost durch andre sachen
am besten drüber lachen

Im Vorübergehen

Im Vorübergehen sah er sie.
Ein kurzer Blick nur, jedoch süß wie nie!
Was wäre, wenn er spräch' sie mutig an?
Doch eh er sich versehen, kam die Bahn.

Täuscht' er sich, sah sie zu ihm zurück?
Ihm war, als träfe ihn ihr fragend Blick.
Er wollte schnell noch springen in den Wagen.
Doch war's zu spät, die Tür war zugeschlagen.

Begegnungen, flüchtig und doch tief.
Es war, als ob das Herz ganz leise rief.
Man wird einander niemals wiedersehen.
Was wäre, wenn ... So im Vorübergehen.

dürre zeit

dürre zeit
quelle versiegt
glück so weit
freude verfliegt

aus vollem getrunken
vergeudet sogar
ist nun versunken
was reichlich war

düster das licht
flache berge
der stab zerbricht
schwarze särge

muss die plage
ewig währen
zu hoffen wage
wird sich klären

erlösender regen
quelle sich füllt
gedanken bewegen
durst wird gestillt

nicht nur ein wahn
wie man kann hoffen
chancen vertan
oder doch offen

Im Sternenschein

Einsamkeit.
Graue Tage.
Tiefe Klage.
Verlorenheit.

Doch dann du!
Liebe! Schönheit!
Seligkeit.
Glück dazu.

Die Tage hell!
Vögel singen.
Sphären klingen.
Herz schlägt schnell.

Lieben, halten.
Fliegen hoch.
Höher noch.
Nie erkalten.

Für immer dein!
Immerzu!
Immer du!
Im Sternenschein!

Wo ist der Ort?

Wo ist der Ort, wo Frieden ist?
Wann ist die Zeit, die reich bemisst?
Wer gibt Raum der engen Seele?
Dass nicht im Kargen sie sich quäle?

Hinter buntem Blütenduft
und lauer junger Frühlingsluft
verbirgt der Tod sich fein, und Hass.
Das einzige, worauf Verlass.

Einer ist des andern Feind.
Und sagt, er hab' es gut gemeint.
Er denkt dabei nur noch an sich.
So leben beide kümmerlich.

Doch mancher auch noch ärger ist.
Auf alle Schranken er vergisst.
Reißt die Blumen aus der Erde.
Egal, dass Wüste daraus werde.

Entfliehen ganz aus dunkler Enge!
Schlagen über alle Stränge!
Wachset, Flügel, tragt mich ins Leben!
In höchste Höhen will ich entschweben!

Wo Frieden ist und Harmonie!
Wo erklingt die Symphonie
von ew'ger Freiheit und von Liebe!
Wo Blütenpracht erhalten bliebe!

Stundenplan der Liebe

Um halb acht hat er gedacht,
ich tu was, was Freude macht.
Um halb zehn war's endlich schön.
Er beschloss, ins Bad zu gehen.

Er fuhr los um halber elfe
und war dort so gegen zwölfe.
Er nahm sich dann eine Kabine
und zog sich aus mit froher Miene.

Ins Wasser ging er kurz nach eins.
Er dachte froh, das ist was Fein's!
Da waren viele schöne Frauen.
Und es gab vieles anzuschauen.

So schwamm er denn bis zehn vor zwei,
dann war's mit seiner Kraft vorbei.
Er stieg gemächlich aus dem Becken,
um erst einmal sich fest zu strecken.

Er zeigte seine Muskelgruppen
all den zuckersüßen Puppen.
Bis um drei sie haben Zeit,
dann muss doch eine sein soweit.

So glaubte er. Dann war es vier.
Er saß allein noch immer hier.
Wenn sie nicht kommen, geht er hin.
Wählt' die, die ihm am schönsten schien.

Trank noch schnell ein Bier mit Korn,
dass der Mut nicht geht verlor'n.
Schon war es fünf, fast schon sechse.
Er pirscht heran sich an die Hexe.

Geschwellte Brust und Bauch hinein.
Er sprach sie an: „Sie sind allein?"
Sie blickte ihn nur spöttisch an
und sagte dann: „Mein guter Mann!"

„Was haben Sie so lang getrieben?
Es geht ja schon auf viertel sieben.
Ich warte schon seit fünf nach drei.
Jetzt ist's mit meiner Lust vorbei!"

Sie dann auch noch hämisch lacht.
„Sie können warten bis um acht.
Ich heut noch hab ein Rendezvous!"
Sie wendet sich 'ner Blonden zu.

Sie schlendern fort dann Hand in Hand.
Er dann dort versteinert stand.
Er kann es wirklich gar nicht fassen,
dass das Glück ihn hat verlassen.

Er denkt bei sich, das kann nicht sein!
Es trügt doch wirklich oft der Schein.
Man kann sich heut auf nichts mehr freu'n!
Bleibt nur TV. Um viertel neun.

Gefahr vereint

Es sagte spitz ein Fichtenbaum:
„Ich steh so eng und brauch mehr Raum!"
Erwiderte die alte Buche:
„Dann einen andern Wald dir suche!
Wir stehen alle nicht bequem.
Drum deine Ungeduld bezähm!"
Die hohe Tanne mischt sich ein.
„Du kannst doch wohl zufrieden sein!
Wenn der Sturm dich heftig zaust,
du kaum allein zu sein dich traust!
Dann bist du froh, wenn wir dich stützen!
Und wenn einander wir dann schützen!"
Meint besänftigend die Eiche:
„Mit meinen Ästen weit ich reiche!
Hab gehegt euch und gehalten,
wenn euch hat der Blitz gespalten!
Streitet nicht und steht zusammen!
Aus demselben Wald wir stammen!"
Ein dünnes Stimmchen meldet sich.
Die Birke, klein und kümmerlich:
„Hört mich an, wenn's euch gefällt!
Ich kann nichts sehen von der Welt!
Ich brauch ein bisschen mehr an Licht!
Sonst werd ich größer sicher nicht!
Ich wollt, ich wär im Wald allein."
„Wie sollte das bloß möglich sein?",
ungehalten brummt die Föhre.
„Was tätest du, wenn ich nicht wäre?
Die Sonne scheint durch meine Äste!
Dein Platz ist sicher noch der beste.
Wenn du stündest unter Buchen,
du könnt'st den Himmel lange suchen!"

Dann die Fichte stichelt weiter:
„Ihr groben Klötze seit viel breiter
als wir Fichten! Seid nicht fein!
Möcht unter Meinesgleichen sein!"
Der alten Eiche wird's zu bunt.
„Was willst du denn, du junger Spund!
Ich sah dich wachsen schon von klein!
Ich werd auch lang nach dir noch sein!
Drum sei schön still und auch bescheiden.
Du sollst nie an Ärg'rem leiden!"
So ging es hin und ging es her.
Dann sprach auf einmal keiner mehr.
Sie standen still und lauschten bang.
Aus der Fern unheimlich drang
ein Laut zu ihnen, kreischend grell.
Ein Angstschrei durch den Wald eilt schnell.
„Die Säge!" flüstern starr die Eichen.
„Wer von euch trägt schon das Zeichen?
Haben es schon mal erlebt."
Der ganze Wald vor Angst erbebt.
Von Streit ist nunmehr keine Spur.
Sie wollen weiterleben nur.

Es geht nicht an

Es geht nicht an,
sagt der Mann,
dass man geht,
statt dass man steht.

Ist es Rot,
heißt das Gebot,
geh nicht quer
zum Verkehr.

Er rückt die Kappe,
zückt die Mappe
und die Feder,
zieht vom Leder.

Er schaut ganz streng.
Das Herz wird eng.
Das kostet was.
Ist ja kein Spaß.

Wer sich erkühnt,
bevor es grünt,
muss was blechen,
man hört ihn sprechen.

Man wendet ein,
kann das sein?
Ist Mitternacht!
Kein Mensch mehr wacht.

Doch er besteht:
Wenn jeder geht,
wann er möcht,
wo blieb das Recht?

Man deutet hin,
was ist der Sinn?
Sie gelb blinkt jetzt!
Gesetz verletzt?

Es ist, wie's ist,
Herr Polizist!
Man falsch ging nie.
Nur zur früh.

Ich kann's nicht glauben

Ich kann's nicht glauben, dass ich dich gefunden!
So lang' allein! Trostlos graue Tage!
Das Dasein stumm und eine einz'ge Klage!
Das Herz mit Dornen eng und fest umwunden!

Wieso du mich aus vielen hast erwählt,
versteh ich bis zum heut'gen Tage kaum.
Für mich ist's wie ein wunderbarer Traum!
Oder wie im Märchen man's erzählt.

Du bist Sonnenschein und Sternenschimmer!
Nach dir schon lang ich sehnsuchtsvoll verlangte.
Wenngleich mich stets vor deiner Antwort bangte.
Ich hab dich lieb! Drum bleib bei mir für immer.

Das Los

Das Los gezogen.
Geschick gewogen?
Verlust, Gewinn?
Vorbei? Beginn?

An der Schwelle.
Furcht verhehle.
Blick zurück.
Ein Augenblick.

Ganzes Leben.
Suchen, Streben.
War's ein Spiel?
Erreicht das Ziel?

Man kannt' es kaum.
War mehr ein Traum.
Folgt Erwachen?
Weinen, Lachen?

Neues Spiel?
Riskieren viel?
Wie wird es sein?
Freude, Pein?

Frieden, Stille.
Erloschner Wille.
Liebesschweben.
Neues Leben.

Ein andres Leben

Wer war das bloß,
der mich da rief?
Die Freud' war groß,
obwohl ich schlief!

Kann's nicht sagen,
doch war es schön!
Wollt's nicht wagen,
mit dir zu gehen.

Ich sagte doch,
ich sei nicht frei!
Du glaubtest noch,
's wär nichts dabei.

Und so zerrann,
die zarte Liebe,
eh sie begann.
Verwelkte Triebe.

Es blieb zurück
ein stummes Beben.
Ein kleines Stück
vom andren Leben.

Weg durchs Feuer

Es ist ein Weg durchs Feuer.
Hoffnung fern ganz klein.
Alles, was dir ist so teuer,
verloren scheint zu sein.

Kein Weg zum Ziel scheint offen.
Jeder Schritt ist Qual.
Worauf man wollte hoffen,
zerflossen ist fatal.

Ins Nichts ein weitrer Schritt.
Was deine Freude trug,
war ins Herz ein Schnitt.
Wann ist es genug?

Noch bleibt ein Hoffnungsschimmer.
Doch glaubst du's nicht mehr recht.
Ist wohl vorbei für immer.
Alles ist zu schlecht.

Mit wenig sich begnügen.
Die Kreise enger ziehen.
Fürs eigene Vergnügen
reichen wohl die Mühen.

Nimm's mit Demut hin.
Vielleicht führt aus der Schicht,
wo keine Sonne schien,
ein schmaler Weg zum Licht.

Lebenstraum

Gleicher Ort und andre Zeit.
Ist's Traum oder ist's Wirklichkeit?
Verschwimmen Formen und Konturen?
Verlieren sich des Lebens Spuren?

Der Zeitraum überschaubar scheint.
Doch Tat sich mit dem Traum vereint.
Steigt hervor aus Seelentiefe.
Als ob ein andres Leben riefe.

Ist's Erinn'rung, ist's Erleben?
Was will sich ins Bewusstsein heben?
Zeit und Raum, Schicht für Schicht,
erstrahlen kurz in grellem Licht.

Versinken wieder im Vergessen.
Als ob es niemals wär gewesen.
Und doch bleibt ein Gefühl zurück
von längst vergess'nem Augenblick.

Gleiche Zeit und andrer Ort.
Leben ist oft nur ein Wort.
Dem dunklen Traum den Weg zu bahnen.
Ins Bewusstsein ziehen das Ahnen.

Seelensturm

Deine Seele gleicht dem Meer.
Spiegelglatt nach außen hin.
Als ob sie ruhig und friedlich wär'.

Doch unter glitzernd klaren Flächen
allerlei verborgen schien,
was kann das Funkeln kaum durchbrechen.

Die Starre wird sich nur bewegen,
sturmgleich und voll Emotion,
wenn Gefühle wild sich regen.

Sei es vor Liebe, sei's vor Hass.
Die Wellen brausen toll davon.
Verlieren jedes Ziel und Maß.

Wenn der Sturm verebbt dann wieder,
Gefühle fanden ein Ventil,
erneut die Sonne strahlt hernieder.

Und der Seelenspiegel bald
erneut das Friedenslicht so still
wie's Meer unschuldig widerstrahlt.

Was rührt mein Herz

Was rührt mein Herz in diesen Tagen?
Was lässt es wieder höher schlagen?
Mein Herz, das abgestumpft und müd'
und vom Leben abgebrüht.

Es rührt ein liebliches Gesicht,
aus dem noch Unschuld leise spricht.
Geratne Kinder voller Freude
sind eine wahre Augenweide.

Wenn sich zwei Menschen liebend finden,
wollen sich fürs Leben binden,
gerührt dein Herz wünscht ihnen Glück,
dass sie bewahren den Augenblick.

Wenn sind sich eine Frau, ein Mann,
in wahrer Liebe zugetan,
einander helfen und auch führen,
wird es mein Herz ganz tief berühren.

Wenn ein Mensch, dem Glauben fern,
kann Gottes Stimme wieder hören.
Wenn dir selbst was Segen bringt,
dann das Herz vor Freude singt.

In allem Schweren, das da ist,
man auf das Schöne oft vergisst.
Doch ein Karfunkel unter Steinen
lässt mein Herz vor Rührung weinen.

Hinter dem Horizont

Hinter dem Horizont
das Licht.
Es lockt.
Und verspricht.
Reich wirst du belohnt.

In der finsteren Nacht
der Herzschlag
jäh stockt.
Nicht vermag
es sich zu freuen der Pracht.

Auf! Erkenne das Ziel!
Besinn dich!
Musst eilen!
Sicherlich
kostet es Mühe dich viel!

Sehnsucht ergreift dich ganz fest.
Will's haben!
Soll heilen!
Und laben!
Erhalten der Würde Rest!

Ob's wirklich dort wohnt?
Es verspricht!
Es frohlockt!
Das Licht.
Hinter dem Horizont.

Enttäuschte Hoffnung

Du stehst da und schweigst.
Du damit deutlich zeigst,
dass du nicht glücklich bist.
Ich hab dich so vermisst!

Bin wieder da bei dir.
Bevor ich dich verlier,
kehrt' ich zurück von dort.
War doch kein schöner Ort.

Nur schwere Arbeit tun.
Kaum Zeit, um auszuruh'n.
Doch gab's viel Geld dafür.
Soll nun gehören dir.

Dein Bild hielt mich am Leben.
Will mein Herz dir geben!
Ich leg es dir zu Füßen.
Willst du mich nicht begrüßen?

Du zögerst, wie erstarrt.
Du denkst, ein Trug dich narrt?
Du freust dich nicht? Warum?
Steh doch nicht da so stumm!

Umarme, küsse mich!
Ich ließ dich nicht im Stich!
War nur für dich gedacht,
was ich nach Haus gebracht.

Bist du nicht allein?
Wer kann wohl bei dir sein?
Stille, eisig kalt.
Ich spür des Tod's Gewalt.

Verstehen langsam reift.
Die Nacht nach mir nun greift.
Die Hoffnung ließ mich leben.
Für mich kann's nichts mehr geben.

Sturm der Gefühle

Meer tost wild.
Wellen hoch.
Unterspült,
was fest ist noch.
Wie mein Vertrauen.
Kann's halten stand?
Worauf noch bauen?
Ist nur noch Sand!
Gefühlsaufruhr.
Wo ist die Lieb'?
Nützt kein Schwur!
Nichts übrig blieb.
War eine Zeit
der Leidenschaft.
Ist jetzt so weit.
Hinweggerafft!
Wird uns verschlingen
wilder Streit?
Kann uns gelingen
Einigkeit?
Kann wildes Tosen
noch vergehen?
Kann zartes Kosen
neu erstehen?
Durch Wolken bricht,
ein hehres Zeichen,
der Sonne Licht.
Sturm muss weichen.
Herzenswogen
sanfter schlagen.
Zorn verflogen.
Nochmals wagen.

Zu früh gefreut

Die Möwe sprach zu einem Fisch:
„Du kommst heut auf meinen Tisch!
Du gehörst nur mir allein!
Bald wirst du gefressen sein!"

Drauf sagt der Fisch ganz ohne Scheu:
„Was du da willst, ist mir nicht neu!
Doch musst du erst einmal mich fangen!
Dann kann auf deinem Tisch ich prangen!"

Der Fisch nicht faul, er tauchte unter.
Ganz tief bis auf den Grund hinunter.
Dort lauerte schon die Muräne.
Die nahm den Fisch zwischen die Zähne.

Der Fisch gerettet sah sich heute
und wurde doch zur leichten Beute.
Das Schicksal hat ihn noch ereilt.
Wenngleich die Möwe das nicht freut.

Sie wurde leider doch nicht satt.
Die Sache ging für keinen glatt.
Sie freuten beide sich zu früh:
Die Möwe hungert. Fisch ist perdu.

arme heimat

geknechtet entrechtet
sie leben und streben
nach reichtum und sportsruhm
sie zahlen und prahlen
bedauern und trauern
erkoren verloren
verdrängt beengt
gedanken in schranken
wohlstand verschwand
doch geld für die welt
schuld geduld
schulden erdulden
wie lang noch das joch

hoffnung

der regenbogen stirbt
der weiße schnee verdirbt
das grüne gras verbrennt
man auf der stelle rennt
zeiten gehen in stücke
eingestürzt die brücke
ausgefranstes sehnen
stachelige tränen
alles schwarzgezackt
der mut ist abgehackt
sehnsucht über sternen
liebe liegt in fernen
wahrheit bringt den tod
nichts hilft aus der not
gerechtigkeit begraben
trotzdem hoffnung haben
irgendwo und wann
gebrochen wird der bann

Im Schlafe

In tiefen Schlaf versinken
lässt die Seele trinken
von ew'gen Sphären Strahlen.
Vertreibt ihr schnell die Qualen
ihres Erdenlebens.
Trotz allen ihres Strebens
sie niemals könnt erreichen,
dass Schmerzen müssen weichen,
Erkenntnis kann da reifen,
nach Höherem zu greifen.
Tief hinab gefallen
muss sie jetzt bezahlen.
Denn in Körpers Enge
fühlt sie jetzt die Strenge.
Und doch wird ihr zuteil
auch im Schlaf das Heil.
Wenn reifer sie dann wird,
den Kontakt sie nicht verliert
zu ew'gen Lichtes Macht.
Für immer. Tag und Nacht.

Spätsommer am Meer

Der Sonne milde Strahlen
schon lange Schatten malen.
Im Meer sich kräuselnd bricht
das funkelnd goldne Licht.
Ein Kristall so klar
das Meer ist wunderbar.
Tut auf geheime Schau
von seiner Tiefen Blau.
Lau ist hier die Luft,
wenn zu Haus der Duft
des Herbstes schon sich zeigt
und spätem Jahr sich beugt.
Hin und wieder dann
hebt sich der Zauberbann,
wenn ein Sturm auflebt.
Er wild die Wogen regt,
zeigt der Natur Gewalt.
Doch es glättet bald
sich der Aufruhr wieder.
Die Sonne strahlt hernieder
dann aufs Neue hell.
Der Tag vergeht gar schnell
in späten Sommers Zeit.
Noch ist es nicht soweit
für düstren Winters Frist.
Spätsommer man genießt.

Ich hatt' es gern

Ich hatt' es gern, mit dir zu gehen.
Mit dir zusammen war es schön.
Doch fandest du den andren Mann.
Es war vorbei, eh' es begann.

Es war vorbei, eh' es begann.
Ich denk an dich, so dann und wann.
Kommst nicht zurück, das ist mir klar.
Zogst immer vor die Gefahr.

Zogst immer vor die Gefahr.
Was war ich doch für ein Narr!
Ließ mich von dir zum Besten halten.
Gefühle mussten bald erkalten.

Gefühle mussten bald erkalten.
Ließ von dir das Herz mir spalten.
Und trotz allem, was zerronnen:
Ich hab wieder Freud gewonnen.

Ich hab wieder Freud gewonnen.
Hab eines bessern mich besonnen.
Doch muss voll Wehmut ich gestehen:
Ich hatt' es gern, mit dir zu gehen!

Schönheit des Herzens

Der Schönheit Preis ist oft die Kälte.
Denn der Schönheit, die man wählte,
oft die Herzenswärme fehlte.

Die kalte Schönheit, wie man's nennt,
meist nur den eignen Vorteil kennt.
Man leicht in sein Verderben rennt.

Nur wo des Herzens helles Licht
nach außen sich in Güte bricht,
man von wahrer Schönheit spricht.

Das sollte keinem Menschen fehlen.
Denn nur darauf kannst du zählen.
Und nur das sollst du erwählen.

Tausend kleine Lichterfunken

Tausend kleine Lichterfunken
tanzen froh, wie freudentrunken,
spielerisch auf kleinen Wellen.
Es lässt die weißen Segel schwellen
leichter Brise zartes Kosen.
Denkt keiner da an Meerestosen,
wenn friedlich liegen Strand und Meer.
Weit von fernem Süden her
ziehen Schäfchenwolken weiß.
Und tiefe Sonne scheint noch heiß
auf Strand und grünen Palmenhain.
Die sanfte Brandung lullt uns ein.
Wunderbar das Leben ist,
wenn später Sommer freundlich grüßt.

Neues Leben

Nach dem Abschied kam die Stille.
Absolut und gellend laut.
War erstorben auch der Wille.
Jeder Ausweg schien verbaut.

Der helle Tag im Dunkeln lag.
Das Rot der Hölle tief erstrahlt.
Warten auf den nächsten Schlag.
Kaum dass der erste war verhallt.

Nach endlos vielen Augenblicken
Dasein war erfüllt vom Nichts.
Doch die Nacht schien wegzurücken,
es kamen dünne Strahlen des Lichts.

Es musst zu End erst sein das Leben,
dass es wieder froh ersteht.
Es kann das Herz sich neu erheben.
Leid wird von neuem Glück verweht.

Lob des Strandlebens
(Frei nach: ‚Lob des Landlebens' von Horaz)

Glücklich ist zu preisen der,
der irgendwo am blauen Meer,
fern dem Beruf und ganz entspannt,
liegen kann am weißen Strand.

Die Arbeit, die hier zu verrichten,
besteht aus lauter leichten Pflichten.
Die Liege ist erst aufzustellen,
welche darf hier niemals fehlen.

Denn auf Sand und Felsgestein
wird sonst nicht gut zu ruhen sein.
Der Schutz der Haut als nächstes kommt,
weil Sonnenbrand nur selten frommt.

Und hat man sich dann eingeschmiert,
gleich der Weg ins Wasser führt.
Man schwimmt ein Stück im kühlen Nass
und hat dabei sogar noch Spaß.

Statt zu schreiben im Büro
man liegt dann in der Sonne froh.
Vergisst auf Schreibtisch und PC.
Geht höchstens mal auf das WC.

Zum Buffet der Schritt hin führt,
besonders wenn man Hunger spürt.
Auch ein Bier scheint angebracht,
wenn man einmal Urlaub macht.

Im Büro hat man Kollegen,
mit denen man kann Umgang pflegen.
Will auch im Urlaub keiner sein
den ganzen Tag lang so allein.

Das lässt den Mann genauer schauen
nach einzelnen und schönen Frauen.
Der Urlaub feiner wird zu zweit.
Das kann versüßen sehr die Zeit.

Man kann plaudern, so zum Spaß,
oder vielleicht sonst noch was.
Was immer man im Urlaub treibt,
es meistens unverbindlich bleibt.

Fern der Arbeit und den Pflichten!
Muss nichts Schweres hier verrichten.
Kann es etwas Schönres geben,
als all das am Strand erleben?

Späte Einsicht

Das Wichtige verpassen.
Vom Glücke jäh verlassen.
Soll man das Dasein hassen
oder beim Schopfe fassen?

Leichter wär' das Leben,
hätt' gleich man Acht gegeben.
Könnt' Himmelsstrahlen weben
und nach Höherem streben.

Mit dem Sein zufrieden,
das einem ist beschieden?
Suchen nach dem Frieden?
Drum dunkle Tat gemieden!

Seligkeit zerronnen.
Doch hat man sich besonnen
und völlig neu begonnen.
Alles war gewonnen!

Das Dunkel überwunden,
auf dass man wird gesunden.
Man steht zwar sehr weit unten;
doch hat man Gnad' gefunden!

Glück verfliegt

Mit dem Herzen fotografieren,
für ewige Zeiten konservieren
das Gefühl, das tiefe Glück!
Es immer wieder holen zurück!

    Doch es verfliegt
    der Augenblick.
    Kannst ihn nicht fassen.
    Er muss verblassen.

Das Gefühl ganz rasch verblüht.
Wie ein Meteorit verglüht
es in der Zeit verborgnen Kraft.
Bleibt die Idee nur schemenhaft.

    Kann nichts mehr rühren.
    Ist nichts zu spüren.
    Von Glückes Spur
    bleibt Wissen nur.

Späte goldne Tage

Späte goldne Tage!
Sonne mild und weich.
Vorbei der Arbeit Plage
nach Erntesegen reich.
Tage voller Muße
sind dir jetzt gegeben
und mit frohem Gruße
geht's hinaus ins Leben.
Die Berge strahlend liegen.
Locken dich mit Macht.
Hoch Gedanken fliegen
zu der Gipfel Pracht.
Einmal noch hinauf
vor Winterstürme Wut!
Das Herz tut weit sich auf!
Heißer Sehnsucht Glut.
Obstbeladne Bäume
am Wegesrand dich laben.
Zu danken nicht versäume
für die Gottesgaben.
Durch dunkler Wälder Bann
im tiefen Schatten
steigen stet hinan
zu den grünen Matten.
Wie im Himmelreich
das Vieh so friedlich grast.
Auf Almenwiesen weich
hältst du deine Rast.
Tiefer Sonne Licht
auf der Felsen Rauheit
sanft sich golden bricht.
Es fliegt der Blick so weit

von Gipfels schroffem Grat
ins weite Land hinein.
Wen nie erfreut dies hat,
der hat ein Herz aus Stein.
Wunderbares Land!
Heimat liebevoll!
Sie schützt mit festem Band
ihrer Kinder Wohl!
Aus froher Brust man singt
beim Weg hinab ins Tal.
Der Berge Lied verklingt
ganz leis' für dieses Mal.
Abenddunst sich zeigt.
Ein schöner Herbsttag klar
im Abendrot sich neigt.
Ob's wohl der letzte war?

Lohn der Plage

Geschafft ist's wieder mal.
Die Last ist abgefallen.
Es war der Weg zwar schmal.
Doch lohnten sich die Qualen.

Ist nicht mehr weit zu gehen.
Harmlos scheint der Rest.
Den wird man auch bestehen,
wenn Glück uns nicht verlässt.

Sollt leichter wieder sein.
Die Sonne scheint hernieder.
Nach der Kluft aus Stein
leuchten Wiesen wieder.

Und schon die Hütte winkt.
Sie gilt es zu erreichen,
bevor die Sonne sinkt
und unsre Kräfte weichen.

Feiern, was gelungen.
Vergessen schnell die Plage.
Ein heitres Lied gesungen.
Erholen von dem Tage.

Unser Weg führt weiter
beim nächsten Morgengrau.
Ob schmäler oder breiter,
wir wissen nicht genau.

Hoffnung darf nicht schwinden,
irgendwo und wann
das letzte Ziel zu finden.
Wo alles einst begann.

Zeit, steh still!

Die alte Zeit kehrt schroff zurück.
Die Gegenwart bracht' wenig Glück.
Was überwunden längst geglaubt,
aufs Neu die Ruhe hat geraubt.

In das versinken, was vergangen,
kaum in jemand weckt Verlangen.
Mit andern Mitteln könnt' es gehen,
die Uhr vielleicht nach vorn zu drehen.

Vorwärts! Stets zum Bessern hin!
Das wär' die beste Medizin.
Doch träg nur lässt sich etwas ändern!
Kommt nicht zum Kern, verweilt an Rändern.

Der Kampf geführt wohl werden muss.
Bringt selten Freude, nur Verdruss.
Doch hat die Resignation
zerschmetternd breit gemacht sich schon.

Zeit, steh still, wenn Sanftmut winkt!
In Seelentiefen dumpf erklingt
des Lebens Melodie so schwer.
Zum Leid nicht schreite weiter mehr!

Seelenklang

Ein heitrer Tag im Leben
kann dir Freude geben.
Farben dir erklingen.
Dir lichte Töne bringen.

Ein trüber Tag hingegen
kommt stets dir ungelegen.
Kann nichts mehr Spaß dir machen.
Es gibt nichts mehr zu lachen.

Klingt alles trivial.
Doch hängt es ab nun mal
von äuß'ren Dingen nur.
Und deren Urnatur.

Oder ist's nicht das?
Erklingt dir nicht der Bass,
wenn Seele so gestimmt?
Nichts andres wahr mehr nimmt?

Die innere Resonanz
der äuß'ren Dinge ganz
allein im Herzen klingt
und in die Seele dringt.

Drum neu gestimmt die Saiten!
Soll dich nur geleiten
heller Seelenklang!
Und das ein Leben lang.

der kompromiss

ausgestanden ausgelitten
versöhnung wo zuvor gestritten
stehst zwar abseits und nicht inmitten
doch musst du nicht mehr länger bitten

die lösung wurde doch gefunden
es dauerte zwar viele stunden
und ging nicht ab ganz ohne wunden
doch werden alle jetzt gesunden

ein kompromiss war angesagt
denn ein ergebnis war gefragt
der vorschlag schien zuerst gewagt
doch ernster streit war doch vertagt

es hat ein jeder nachgegeben
kann keiner nach dem sieg mehr streben
und anspruch auf erfolg erheben
müssen mit dem handel leben

jeder kriegt ein bisschen was
jeder gibt von sich mit maß
begraben wurde aller hass
am ende macht's sogar noch spaß

ehrlich und nicht nur zum schein
zu vermeiden alle pein
nicht nur in diesem fall allein
sollte selbstverständlich sein

blumen im bach

die blumen im bach
sie schwimmen hinab
sie folgen dir nach
ins feuchte grab
sie sind verschwunden
als du gingst für immer
du hast nun gefunden
den friedensschimmer
mein herz ist voll gram
ist tot beinah schon
soeben es schwamm
für immer davon

Im Nebel

Im Nebel gehen
lässt nicht sehen
deine Augen.
Sie nicht taugen
Dunst zu brechen,
zu durchstechen
Gefängnismauern.
Gedanken lauern.
Einsam sein
und allein
im weißen Raum.
Zerstiebt wie Schaum
der Sinne Macht.
Man selten lacht,
wenn Richtung fehlt
und kaum verhehlt
man Furcht empfindet,
wenn Welt verschwindet.
Zum Herzen wenden.
Kann nicht blenden
mehr die Welt.
Das, was zählt,
liegt nun innen.
Man kann sinnen
und bedenken.
Gefühle lenken
nun die Schritte.
Der Seele Mitte
man dann sieht.
Und Nebel flieht.

einmal noch

rot und gold
farbenregen
wirbelnd tollt
verspielt bewegen
einmal noch
in windeseile
fliegen hoch
nie langeweile
vor dem ende
teppich bunt
gelegt behende
auf harten grund
todes duft
sich schweigend breitet
auf dürrer luft
er weiterreitet
es wurde spät
ganz unversehens
das jahr vergeht
des verstehens
licht wird schwächer
wird dunkler nun
leer der becher
nichts mehr zu tun
lust'ges bunt
wird totenbleich
durch eis'gen schlund
im kalten reich
kaum gedacht
endet streben
des winters macht
bricht das leben

Herbsttag

Komm und begleite mich!
Lass mich nicht allein!
Kein Tag noch diesem glich
im hellen Sonnenschein!

Bunte Blätter schneien
vom Himmel wirr verspielt!
Schöner ist's zu zweien,
man wie ein Kind sich fühlt.

Wie Konfetti fällt
farb'ger Teppich reich.
Die Erde nun erhält
warmen Schutz so weich.

Wir tollen drauf umher!
Zum letzten Mal so liegen!
Herz wird uns so schwer.
Wird bald der Schnee so fliegen!

irgendwo

irgendwo ist frieden
irgendwo ist ruhe
irgendwo ist liebe
irgendwo…

aber wo …?

Auf dem Friedhof

So viele sind schon hingegangen,
die am Leben sind gehangen.
Die sich freuten und die litten.
Ein karges Dasein sich erstritten.

Von früher Kindheit hieß es streben.
Zu schaffen sich ein gutes Leben.
Einen Menschen dann zu finden,
mit dem sich ließ ein Bund begründen.

Auto, Kinder, Haus und Wohnung.
Recht viel Arbeit, ohne Schonung.
Den Kindern soll es gut doch gehen.
Auch selbst will keiner abseits stehen.

Mit Arbeit seine Zeit verschwenden.
Leben für die Wochenenden.
Sich freuen auf den Ruhestand,
weil man zuvor kaum Ruhe fand.

So geht das Leben schnell vorbei.
Am End ist alles einerlei.
Manch einer hat sich dann gedacht,
ob's Erfüllung hat gebracht.

Abzutreten still und leise.
Gehen auf die letzte Reise.
Auf den Gräbern brennen Kerzen.
Bleibt Erinn'rung in den Herzen?

Letzte Reise

Die dürren Blätter sinken wieder
ungezählt zum Boden nieder.
Vom Baum des Lebens losgelassen,
sind sie dem Tod geweiht in Massen.

Doch erst sie lassen sich selig tragen
vom Wind und wildem Sturmesjagen!
Fliegen hoch dem Himmel zu!
Wirbeln weit dahin im Nu!

Einmal frei! Und weit weg!
Ein lustig Tanz, so raschelnd keck!
Der Wind spielt mit, dreht sie im Kreise!
Makabrer Reigen, letzte Reise!

Wenn sie erschöpft sind von dem Spiel,
sie finden sich am letzten Ziel.
Zuhauf sie decken dann die Erde.
Dass daraus was Gutes werde.

Ein weißes Leichentuch deckt bald
sie zu, die liegen dürr und kalt.
Der bittre Frost löscht alles Leben.
Es ist, als hätt' es sie nie gegeben.

Geht schnell vorbei die grüne Zeit.
Man letztlich niemals ist bereit.
Im ewigen Kreislauf der Natur
ist's jedoch ein Lidschlag nur.

Der Disput

Mann und Frau, sie diskutieren
grad das Leben, das sie führen.
Es ergibt sich ein Disput,
weil er für sie zuwenig tut.

Er lässt das nicht auf sich sitzen.
Meint er doch, ihr viel zu nützen.
Er wird hitzig, ist beleidigt.
Deshalb er eifrig sich verteidigt:

„Was du am End wohl tätest,
wenn du mich nicht hättest?"

    „Einen andern suchen.
    Auch der kann sicher fluchen."

„Doch ich liebe dich!
Und sicherlich du mich!"

    „Natürlich, Schatz, das stimmt.
    Doch mich auch sonst wer nimmt!"

„Würd'st mich nicht vermissen?
Kann wer besser küssen?"

    „Wer kann das wirklich sagen!
    Man müsst es einfach wagen!"

„Ich würde dir nicht fehlen?
Würd' Pferde mit dir stehlen!"

„Das scheint nicht nötig mir.
Wisch ab mir das Geschirr!"

„Hol dir vom Himmel Sterne!
Erforsch mit dir die Ferne!"

„Hol lieber Holz vom Keller!
Und zerbrich mir keine Teller!"

„Du bist so nüchtern immer!
Wo ist der Kerzenschimmer?"

„Nach dem Wäschewaschen
darfst du ein bisschen naschen!"

„Das kannst du doch auch später!
Komm und liebe deinen Peter!"

„Du wäscht! Ich mach mich schön!
Die Zeit wird schnell vergeh'n!"

„Ich soll die Wäsche machen?
Das ist doch sehr zum Lachen!"

„Ja? Das freut mich sehr,
dass du es nimmst nicht schwer!"

Erst wird er rot, dann wird er blass.
Ist es Ernst oder bloß Spaß?
Er überlegt, macht gute Miene.
Möchte wieder kommen auf die Schiene.

„Gut! In Gottes Namen:
Tun wir's doch zusammen!"

Sie denkt, nichts andres wollt sie doch.
Hilfe bloß in ihrem Joch.
Doch so leicht sie macht's ihm nicht.
Macht ein bedenkliches Gesicht.

    „Du sollst's alleine tun!
    Brauch Zeit, mich auszuruh'n!"

„Ich weiß doch nicht, wie's geht!
Und welchen Knopf man dreht!"

    „Ich zeige es dir schon!
    Du kommst mir nicht davon!"

Er fügt sich seufzend ins Geschick.
Sie lehnt sich jetzt entspannt zurück.
Sie weiß genau, für ein paar Tage
hat sie nun geringre Plage.

Dann ist es wieder, wie es war.
Wenn nicht schlimmer noch sogar.
Es folgt dann wieder der Disput,
wer was wann am besten tut.

Krieg

Es heißt gehen.
Wieder fort.
Nichts verstehen.
Letztes Wort.

Er will bleiben.
Sie hatten's schön.
Schicksals Treiben.
Doch er muss geh'n.

Heiße Tränen.
Er weint mit ihr.
Endlos sehnen.
Er geht zur Tür.

Schnell umarmen.
Sie kommen schon!
Kein Erbarmen.
Kommt nicht davon.

Auf in den Krieg!
Die Trommeln schlagen!
Auf zum Sieg!
Munter wagen!

Abendrot.
Wie Blut zerronnen.
Es ist der Tod.
Hat stets gewonnen.

Auf zum Schlachten!
Die Knochen brechen.
Die Teufel lachten!
Schießen, stechen!

Irrsinn schreitet.
In Blut ertrinken.
Tod sich breitet.
Körper sinken.

Jugend zart.
Einsam sterben.
Hoffnung narrt.
Er muss verderben.

Letzter Blick.
Ihr Ring aus Gold.
Gibt kein Zurück.
Sie lächelt hold.

„Du bist bei mir?
O halte mich.
Ich nichts mehr spür."
Der Schmerz nun wich.

Sel'ges Schweben.
Goldner Schein.
Aufwärts streben.
Geborgen sein!

Lilien

Die Lilien sind's, die mich stören!
Auch will ich die Lieder nicht hören!
Die liebliche Stimme soll schweigen!
Sperrt endlich weg doch die Geigen!

Wie eine Lilie so süß.
Gesang aus dem Paradies.
Schien wie die Unschuld so weiß.
Und doch eine Flamme so heiß.

Täuschung ist ihre Stärke.
Verrucht sind all ihre Werke.
Ließ mich so gerne betören.
Die Lilien sind's, die mich stören!

manchmal

manchmal scheint die sonne grau
am dunklen tag
suchen nach dem himmelsblau
das drüber lag

manchmal wasser fließt nicht ab
im tiefen fluss
der freude wird's zum nassen grab
man's dulden muss

manchmal stürzen alle sterne
tief ins meer
licht in der Nacht ist ferne
alles leer

manchmal vulkane frieren ein
die glut erstirbt
kann mehr keine wärme sein
das herz verdirbt

doch manchmal bäume blühen
im späten jahr
und gefühl und lieb' erglühen
wie's früher war

Schweigen

Erneut nur dunkle Tage.
Pfad verliert sich ferne.
Quälend sticht die Frage:
Wo sind des Glückes Sterne?

Versunken tief im Dunst.
Von Nebel zäh umhüllt.
Verloren alle Kunst.
Sehnsucht nicht gestillt.

Der Hoffnung Strahl versiegt.
Zum Gipfel führt nichts mehr.
Herz nun nicht mehr fliegt.
Erloschen all Begehr.

Suchen ohne Ende?
Ein Hüglein keck besteigen?
Ob man dort was fände?
Wahrscheinlich tiefes Schweigen.

Buch 3

Ewige Reise

Erschienen 2007

Das Leben wird als Wanderschaft betrachtet, die durch eine Vielzahl unterschiedlichster Ereignisse führt. Der Mensch wird ständig konfrontiert mit den verschiedensten Aspekten des Lebens und des Todes, er erfährt die Freuden, aber auch die Leiden der Liebe und findet Trost in der Natur und im Glauben an Höheres. In diesem Buch werden die Kreise weit gezogen, über das begrenzte Erdendasein hinaus. Besinnlich oder heiter, das Leben ist eine Reise durch Zeit und Raum: Eine "Ewige Reise".

Erster Schnee

Es dämmert schon allmählich.
Der Abend breitet sich
übers Land ganz sacht.
Der Wind hat Frost gebracht.

Unmerklich erst, dann mehr,
treibt es Schnee daher.
Das Grau bedeckt ist bald.
Und alles weiß erstrahlt.

Heller wird die Nacht
durch die weiße Pracht.
Ringsherum wird's still.
Welch herrliches Gefühl.

Im warmen Haus geborgen
verlieren sich die Sorgen.
Die Herzen werden weit.
Zum Frieden sind bereit.

Erster Schnee im Winter.
Erfreut nicht nur die Kinder.
Auch die im Herzen Jungen.
Wenn Jugend auch verklungen.

schnitterlicht

es legen sich die roten halme
über späten bleichen mond.
der blut'ge finger nun zermalme,
was gewesen war verschont.
auf, empor, du schnitterlicht!
silberstreif zerfließt ganz schnell.
das kristallgefäß zerbricht,
entfliehen schemen trübem quell.
gefällt die gräser auf den weiden.
dunkler schwall erstickt die ufer.
bleich und kalt beginnt das leiden.
schweigen müssen nun die rufer.
das schnitterlicht, es blitzt und brennt!
der fahle schein wird scharlachrot.
ein feuerrad wie rasend rennt.
es herrscht nun der, der stets gebot.
die roten halme liegen still.
kalt und steinern steht das leben.
keiner mehr, der höher will.
was kann da jemals sich erheben?
feiner strahl sich zitternd hebt.
goldner schein am schwarzen rand
aus roten halmen muster webt.
das schnitterlicht, es scheint gebannt.
goldne halme legen sich
vor neuen silberhellen mond.
das dunkle rot im licht verblich,
das nun ganz oben golden thront.

hoffnung

der regenbogen stirbt
der weiße schnee verdirbt
das grüne gras verbrennt
man auf der stelle rennt
zeiten gehen in stücke
eingestürzt die brücke
ausgefranstes sehnen
stachelige tränen
alles schwarzgezackt
der mut ist abgehackt
sehnsucht über sternen
liebe liegt in fernen
wahrheit bringt den tod
nichts hilft aus der not
gerechtigkeit begraben
trotzdem hoffnung haben
irgendwo und wann
gebrochen wird der bann

Die Verworfenheit der Welt

Höre, du verdrehte Welt!
Was dir heutzutage fehlt,
ist Anstand und ist Ehre!

Du glaubst, wer hat das meiste Geld,
ist zum Oberhaupt bestellt.
Als ob das alles wäre!

Der Pöbel hält sich für die Flamme,
die Krone aus erlauchtem Stamme!
Auch er gehört gemieden!

Verständnis, Güte, Rücksichtnahme!
Das ist doch der wahre Same
für den Menschenfrieden!

Es gibt kaum Hoffnung auf Verbessrung!
Der Sitten ständige Verwässrung
das Leben macht zur Hölle!

Was gibt der Liebe neuen Schwung?
Willst du wagen, Welt, den Sprung
zu höh'ren Lebens Quelle?

Dasein

Zitterndes Dasein.
Jauchzende Lust!
Des Lebens sich freun,
doch Angst in der Brust.

Zögernder Mut.
Verzehrendes Sehnen.
Heimliche Glut.
Erlösende Tränen.

Zu lieben das Leben
mit wechselnder Kraft.
Träume zu weben.
In Leidenschaft.

Suche nach Frieden.
Von Freiheit ein Stück.
Ist Liebe beschieden,
bedeutet es Glück.

Wozu war es gut?
War's gut überhaupt?
Verglommen die Glut.
Der Zukunft beraubt.

Abend so rot.
Die Sterne erspähen.
Man Schweigen gebot.
Ins Unendliche sehen.

Traum

Einzutauchen in den Traum,
als wär es bunter Seifenschaum,
lässt die Seele schweben.

Die bunten Blasen einzufangen,
um dem Traume nachzuhangen,
sollt geben leichtres Leben.

Doch das zarte Duftgebilde
verharrt ganz fest im Traumgefilde.
Kann keinen Weg sich bahnen.

Die farb'ge Blase platzt und schwindet.
Was immer auch der Traum verkündet:
Bleibt meist nicht mehr als Ahnen.

Das Meisterstück

Vergeblich ist's, zu suchen nach dem Sinn.
Tief verborgen wächst des Lebens Blüte.
Tag und Jahre streichen so dahin.
Man duldet es mit wechselndem Gemüte.

Heitre Stunden sind an Zahl gering.
Oftmals sind die Sorgen weit gestreut.
Und dennoch alles seinen Gang stets ging.
Wenngleich so mancherlei hat nicht erfreut.

Im Außen suchen Schönes und Gerechtes
bringt nur Sinn, wenn der Seele Spiegel
widerstrahlend es empfängt und Schlechtes
draußen hält mit Schloss und festem Riegel.

Dem Menschen fällt zu lernen dies nicht leicht.
Hat doch das Übel starke Übermacht.
Hat er's am End mit Mühe doch erreicht,
hat er sein größtes Meisterstück vollbracht.

Wie die Wolken

Der Mensch so wie die Wolken zieht
über des Lebens weites Blau.
Er meist den Horizont nicht sieht.
Das Ziel versinkt im dumpfen Grau.

Flüchtig, wechselnd die Gestalt,
der weiße Dunst vergeht im Nu.
Und des Geschickes Urgewalt
setzt dem Menschen stürmisch zu.

Auch er nur einen Augenblick
auf Lebens Himmel vorwärts fliegt.
Doch gibt es niemals ein Zurück.
Der Zeit Gewalt am Ende siegt.

Wer denkt noch an das weiße Füllen,
das einst am bunten Himmel flog!
War eines nur von endlos vielen,
das letzten Endes heimwärts zog.

Morgen

Könnt es nicht sein, dass man versteht,
was einem täglich widerfährt?
Nur sind die Dinge so verdreht,
dass meist die Einsicht ist verwehrt.

Doch manchmal hinterher man sieht,
wie der Sinn sich offenbart.
Wenn man durch die Lande zieht,
der Blick zurück erklärt die Fahrt.

Nicht immer folgt dem Plan die Tat.
Manch Irrweg wird auch plötzlich klar.
Wenn man den Weg gefunden hat,
erscheint es doppelt wunderbar.

Vorwärtsschreiten unverdrossen?
Auch wenn das Ziel ist gut verborgen?
Denn bleibt man stehen, wird man gestoßen!
Auf zum Ziel, und das heißt: Morgen!

Sturm der Gefühle

Der Sturm braust ums Haus.
Verweht die Gedanken.
Gefühle in Schranken.
Bleibt aus der Applaus.

Sammeln. Bangen.
Hoffen. Verlangen.

Kommt Steigerung noch?
Ist zu Ende der Weg?
Wird Gerades jetzt schräg?
Kein neues Hoch?

Vertrauen. Verzagen.
Geduld. Und wagen.

Ob's Alte verweht?
Muss Bessres sich breiten!
Soll Seele sich weiten!
Ob Sorge vergeht?

Wann wohl? Und wie?
Schrei? Melodie?

Der Sturm verebbt.
Der Baum ist gefällt.
Wird ruhig die Welt.
Das Herz wieder lebt.

Neues gestalten!
Ist's besser? Wird's halten?

Braun die Felder liegen

Braun die Felder liegen.
Die Furchen brach und leer.
Krähen drüber fliegen.
Feuchter Nebel schwer.

Dürres Geäst sich reckt
im geisterhaften Bleich.
Eis ganz dünn bedeckt
den kleinen stillen Teich.

Tristesse in grau und braun.
Kein Schnee, der's heller macht.
Der bedeckt der Seele Zaun
mit zarten Flocken sacht.

Ruh und Frieden finden
unter Laken weiß.
Im Geiste Kränze winden.
Als der Hoffnung Preis.

Fata Morgana

Bleich die Sonne steht
über dürrem Land.
Farben fahl verweht
vom Wind im groben Sand.

Spitze Distel sticht
grell im weißen Glast.
Mut wie Glas zerbricht.
Panik voller Hast.

Böser Odem steigt
hervor aus trübem Quell.
Auf dunklem Spiegel zeigt
der Tod sein Antlitz schnell.

Empor auf höchste Dünen.
Suchen fern nach Heil.
Vergehen, um zu sühnen?
Angst erhebt sich steil.

Zeigt sich in dunst'ger Ferne
ein Eiland hoffend grün.
Rund um die Zisterne
sich lagert Leben hin.

Ist's Wahrheit? Oder Trug?
Wäre gut zu wissen!
Ist es als Ziel genug?
Man wird es wagen müssen!

Enttäuschte Liebe

Ist zu Ende, Mädchen, wohl dein Traum,
der begonnen unterm Apfelbaum.
Der Mann, dem deine junge Liebe galt,
ist sodann ganz schnell verschwunden halt.

Viel zu leicht du hast dich ihm geschenkt!
Dein Herz nur hat dich ganz und gar gelenkt.
Der Kopf blieb dabei völlig aus dem Spiel.
Deine Reue hilft dir jetzt nicht viel.

Wenn man einsam, sich die Tage dehnen.
Dein Herz war voller Liebe und voll Sehnen.
Doch wart nur ab! Der bald kommen wird,
der voll Liebe zum Altar dich führt!

Ungewissheit

Verwegner Gedanke.
Soll man es wagen?
Überspringen die Schranke.
Das Glück erjagen.
Glück oder Segen?
Verdienst oder Zufall?
Das Herz bewegen.
Erobern das All!
Ist es doch Zwang?
Dem man entflieht?
Gefühlsüberschwang?
Eifer erglüht.
Dunkel die Werke.
Dunkler der Zweck.
Es mangelt an Stärke.
Mut ist schnell weg.
Ausweg gibt's keinen.
Den Weg weitergehen.
Hilft auch kein Weinen!
Man muss es bestehen!

Augenblick, halt ein!

Wunderbare Nacht.
Geschaffen für das Glück.
Unter Sternenpracht
sel'ger Augenblick.

So groß ist das Verlangen!
Die Sehnsucht nach dem Du.
Trotzdem leises Bangen.
Schnürt fast die Kehle zu.

Blütenduft so süß.
Linde laue Luft.
So wie im Paradies!
Das Herz, es lockt und ruft.

Das Herz! Es allein
soll uns heute leiten!
Wir wollen uns alles sein!
Nur Freude uns bereiten.

Egal, was morgen ist!
Den Kelch der Liebe trinken!
Wenn du mich nur küsst!
In der Lust versinken.

Sollt nie zu Ende sein!
Für uns gibt's kein Zurück!
Augenblick, halt ein!
Nie vergehe, Glück!

Schneemann und Schneefrau

Ein Schneemann spricht zu seiner Frau:
„Ich weiß es wirklich nicht genau,
was hinter dir so glänzend liegt.
Man Sehnsucht nach der Ferne kriegt!"

„Sei nicht so keck!" die Schneefrau sagt.
„Man geht zugrund, wenn man viel wagt!
Drum ist es besser, du bleibst hier!
Hier im Schatten, dicht bei mir!"

Der Schneemann denkt: ‚Es ist doch arg,
was bisher mir die Frau verbarg.
Sie ist ein wenig kleiner nun!
Drum kriegt sie's mit der Angst zu tun.'

„Du stehst schon fast im Sonnenschein!
Ich will ins Licht!" hört man ihn schrei'n.
Die Frau blickt ihn nur traurig an.
„Sei doch zufrieden, lieber Mann!"

„Genieß die Zeit, die uns noch bleibt!
Was immer da hinaus dich treibt,
es wird uns trennen vor der Zeit.
Dann bleibt uns nur noch Traurigkeit."

„Eh du dich noch kannst versehen,
wird deine Hoffnung schnell vergehen.
Bleib doch, wo du hingehörst.
Weil du dich sonst selbst zerstörst!"

Er wollt nicht hören, ließ sie stehen.
Sie sah ihn rasch im Licht zergehen.
Ihr Herz zerbrach, sie weinte sehr.
Der Tränen wurden immer mehr.

Zur Mittagszeit der Sonnenschein
ganz und gar auch sie hüllt ein.
Die Schneemannsseelen aufwärts steigen
erneut vereint in dunst'gem Reigen.

Nicht viel, was man von ihnen findet.
Die Nase noch von ihnen kündet.
Doch ist nicht Zeit für traur'ge Lieder:
Im nächsten Jahr sie kommen wieder!

Aufwärts

Vollbracht ist's wieder und vorbei.
Ganz kurz man fühlt sich wieder frei.
Ein weitrer Schritt im bunten Leben.
Bald wird's die nächste Stufe geben.

Nur aufwärts steigen unentwegt.
Was Neues stets das Herz bewegt.
Will keiner wieder abwärts steigen
und den Kopf zum Boden neigen!

Den Blick nach oben nur gerichtet,
wo Lichtes Glanz schon wird gesichtet.
Der Dachterrasse streben zu.
Dort oben gibt's vielleicht doch Ruh.

Von Lebens Dach hinunter sehen.
Vergangenes ließ man dort stehen.
Sich über dir der Himmel dehnt.
Das ist's, wonach das Herz sich sehnt.

Die Zeit genießen

Endlich fallen Flocken nieder!
Decken sanft der Erde Glieder.
Braun und Grau ganz schnell vergehen.
Der Glanz lässt alles neu erstehen.

Dadurch wird auch das Herz erhellt.
Schnell heiter wird, was war vergällt.
Wird aufgesaugt in weißer Watte
alles, was gequält dich hatte.

In der unberührten Fläche
tief gefurchte dunkle Bäche
schaffen fort die heißen Tränen.
Die Brust kann wieder froh sich dehnen.

Frisch und rein die Welt sich breitet.
Unbeschwert man vorwärts schreitet.
Da alles Schöne zu früh endet:
Die Zeit genießen, eh sich's wendet!

Tugend

Voll Weisheit sprach der alte Mann:
„Du bist noch jung! Lern Maß zu halten!
Von mir Moral man lernen kann!
Wie man sein Leben kann gestalten!"

Denkt der Junge sich im Stillen:
„Ihm fehlt doch nur die Kraft der Jugend!
Er kann leicht zeigen seinen Willen!
Ihm bleibt ja nur noch seine Tugend!"

Sensationsgier

„Immenser Schaden angerichtet!"
die Zeitung heute laut berichtet.
Die Neugier wird jetzt riesengroß.
Was war denn wieder Arges los?

„Her mit dem Blatt, und das sofort!"
Gierig liest er jedes Wort.
Nur drei Tote hat's gegeben?
Das war dann wohl ein schwaches Beben!

Nicht wie das im letzten Jahr,
das um vieles ärger war.
Da gab es Tote ohne Ende.
Lüstern reibt er sich die Hände.

Ihn trösten schwach die Hausruinen,
die seiner Lust ein wenig dienen.
Vielleicht war irgendwo ein Mord?
Oder ein Todessturz beim Sport?

Das ist heut ein schwacher Tag.
Für ihn ist das ein harter Schlag.
Erregen kann ihn das nicht mehr.
Ein Gruselschocker muss wohl her!

Er sucht sich einen Film hervor,
worauf sein Frust sich schnell verlor.
Wenn das Blut in Strömen fließt,
er sein Leben voll genießt.

ewige reise

ozean dunkel drohend und tief
lockend und stark der abgrund rief
gedeih und verderb stetiges wogen
blindes geschick beschenkt und betrogen
gefühle spiegeln auf tafel aus glas
der rahmen gesprengt zu kleinlich das maß
tauchen hinein in schimmernden traum
begehren und wunsch nicht halten im zaum
der blick hinauf aus tiefem verlangen
zeigt hoch droben glänzende schlangen
erkunden die welt voll neugier und sehnen
maßloses wollen und finsteres wähnen
erleben die weite vermehren das wissen
erfahrung und schmerzen doch nicht vermissen
ahnendes wollen in täuschendem kreise
ziel in der ferne ewige reise

Endlich

Ein bisschen traurig war ich schon,
dass du liefest mir davon.
Plötzlich war ich ganz allein.
Ertränkte meinen Schmerz in Wein.

Mein Stolz schien etwas angeschlagen.
Der Ärger schlug sich auf den Magen.
Doch andrerseits, ich geb es zu,
hab ich jetzt endlich wieder Ruh!

Lebensweg

Des Lebens langer Weg
führt über Berg und Tal.
Durch Wildnis ohne Steg.
Gesäumt von Freud und Qual.

Kommst du am Ziel dann an,
du fragst ganz ernsthaft dich,
ob du erfüllt den Plan.
Nach Punkt und auch nach Strich.

Nicht immer, doch sehr oft,
du hast dich sehr bemüht.
Drum hast du auch gehofft,
dass nun der Lohn dir blüht.

Nun ist zu End die Plage.
Doch auch die Lust und Freud
und all die schönen Tage.
Was ist's, das dich gereut?

Der Mensch ein freier Geist.
Erfahrung durch das Leben.
Das Ergebnis nun beweist,
ein Zwischenziel ist's eben.

Aus Gottes Geist gemacht
darfst du alles wagen,
was je du dir gedacht.
Musst auch die Folgen tragen.

Umsonst gibt's nichts im Leben.
Man alles muss bezahlen.
Trotz Mühe und trotz Streben:
Es hat mir schon gefallen!

Freud und Leid

Ewiges Auf und Ab.
Das Leben hält uns knapp.
Freude, klein und selten,
lässt man wenig gelten.
Last und Bürde schwer
erscheint uns um so mehr.
Doch liegt's in der Natur:
Gäb's nur Freude pur,
kein Mensch könnt sie genießen.
Erst Leid lässt sie ersprießen!

Fieber

Der hämmernde Rhythmus der Räder
betäubt seine fiebernden Sinne.
Vorwärts, vorwärts! Nicht säumen!
Haltet nicht vorzeitig inne!
Zerbricht sonst des Herzens Feder!

Sehnsucht bezwingt auch den Helden.
Hin nur zu ihr, in den Frieden!
Erleben, nicht nur erträumen!
Die Liebe bisher gemieden.
Doch jetzt nur hin zur Erwählten!

Wird sie seiner auch harren?
Nagender Zweifel sich reckt.
Was, wenn sie frei nicht mehr ist?
Sein Herz in der Zwangsjacke steckt.
Warum muss solch Trugbild ihn narren?

„Halt! Kehrt um! Ich es will!"
So ruft er laut in die Welt.
Das Fieber durch die Adern ihm schießt.
Schließlich der Wagen dann hält.
Am Ziel. Bleich und ganz still.

Neue Hoffnung

Des Waldes schwarzer Kamm sich hebt
vor wabernd rotem Firmament.
Der Berge Macht nach oben strebt
und sich dahinter mächtig dehnt.

Die Sonne reicht noch zu den Höhen.
Das dunkle Tal im Schweigen liegt.
Das letzte Licht wird bald vergehen.
Und die Nacht am End obsiegt.

Stille breitet mächtig sich
in den Herzen, den geplagten.
Nach des Alltags Hieb und Stich
finden Ruhe die Gejagten.

Im Mondschein liegen Berg und Tal.
Das bleiche Licht umfließt die Herzen.
Vergangenheit ist auf einmal
der Tag mit allen seinen Schmerzen.

Der Schlaf hüllt zärtlich ein die Sorgen.
Nimmt sie hinweg und deckt sie zu.
Zumindest bis zum nächsten Morgen
die Menschenseele hat jetzt Ruh.

Des Waldes Kamm sich rot erhebt
vor morgengrauem Firmament.
Ein neuer Tag ins Leben strebt.
Gibt neue Hoffnung, heiß ersehnt.

Du bist für mich

Du bist für mich die reine Flut.
Spülst hinweg die Einsamkeit.
Plötzlich hab ich wieder Mut.
Mein Herz zur Liebe ist bereit.

Deiner Liebe stete Kraft
durchbricht den Damm, den ich erbaut.
Ließ niemals zu die Leidenschaft,
eh deinen Liebreiz ich erschaut.

Du bist für mich die stille See.
Find Frieden dort in deinem Hafen.
Zusammen tragen Wohl und Weh.
Wie gut, dass wir uns letztlich trafen!

Tödliche Pfeile

Seltsam ist's schon.
Für eine Weile
sie sagt keinen Ton.
Schießt ab nur die Pfeile.
Doch zielt sie genau.
Das Herz ist getroffen
von dieser Frau.
Kann ich noch hoffen?
Der Körper erbebt
von diesem Klang.
Der Kopf zwar noch lebt,
doch nicht mehr lang.
Versinken im Moor.
Verbrennen im Feuer.
Niemals zuvor
schien sie mir so teuer.
Hat alle vernichtet.
Konnt' keiner sich schützen.
Hat niemals verzichtet.
Musst' alle besitzen.
Ich will ihr gehören!
Bis hin zum Tod.
Ich kann mich nicht wehren.
Vergebe mir Gott.

Dreh die Zeit zurück

Dreh die Zeit zurück!
Nur ein kleines Stück!
Bis gestern.
Bis vorgestern.
Bis ...

Bis zum großen Glück.
Bis zu dem Augenblick.
Als du kamst.
Mein Herz mir nahmst.
Und ...

Und dort, Zeit, bleib stehen!
Darfst nicht weitergehen!
In dir versinken.
In Küssen ertrinken.
In ...

In Trümmer das Herz zerfallen.
Das Glück so teuer bezahlen.
Du bist gegangen.
Mir bleibt mein Verlangen.
Vorbei ...

Erst hinterher

Zieh dahin. Flieh davon.
Es holt dich ein. Kein Pardon.
Kein Entrinnen. Musst's ertragen.
Keine Antwort auf die Fragen.

Der Sinn begraben in der Zeit.
Offenbarung ist so weit.
Nur schwaches Leuchten aus dem Grund.
Doch Grauen vor des Schicksals Schlund.

So ist das Leben, das Geschick.
Weiterschreiten Stück für Stück.
Du niemals weißt, wie's weitergeht.
Doch dass es geht, man schnell versteht.

Vertrauen und Mut sind stets gefragt.
Nicht gezögert! Nur gewagt!
Was vor dir liegt, ist immer schwer.
Leichter wird's erst hinterher.

Wundersame Frühlingszeit

Ob Kirschenblüte, Anemone.
Dem Gemüte wird's zum Lohne.
Der Blütenflamme buntes Kleid.
Wundersame Frühlingszeit!
Nach Winters Not Natur sich regt.
Was war tot, sich neu bewegt.
Knospen hell. Blüten zart.
Erwacht ganz schnell, was war verwahrt.
Süßer Duft erfüllt die Welt.
Die Seele Luft und Licht erhält.
Der Sonne Strahlen recht genießen.
Wald und Hain bald voll ersprießen.
Das Herz sich weitet. Sehnsucht heiß.
Ausgebreitet Arme weiß.
Scheues Nehmen. Strotzend Geben.
Nichts kann bezähmen jetzt das Leben.
Nur kurz die Frist. Muss schnell vergehn.
Man nie vergisst, was war so schön.
Des Herzens Flamme strahlt jetzt weit:
Wundersame Frühlingszeit!

Ein Gläschen

Ein Gläschen Wein, ein Gläschen Sekt.
Kann nicht sagen, dass es nicht schmeckt!
Jeden Tag ein Gläschen heben,
erleichtert jedenfalls das Leben.

Ein Gläschen, oder vielleicht mehr,
versüßt den grauen Alltag sehr.
Möcht den Balsam nicht mehr missen.
Ist ein sanftes Ruhekissen.

Und gibt's einmal nichts mehr zu trinken,
möcht ich gleich zu Grabe sinken.
Denn die Welt gar düster ist,
wenn diesen Trost man mal vermisst!

Mein neuer Nachbar

Mein neuer Nachbar heißt Johannes.
Er ist das Zerrbild eines Mannes.
Denn er lebt immer noch allein.
Doch möcht er gern zu zweien sein.

Er sucht schon lange eine Frau.
Was er sucht, weiß er genau:
Blaue Augen, blondes Haar.
Auch die Figur ist wunderbar.

Dies zeigt ihm seine Phantasie.
Doch eine solche fand er nie.
Dafür traf er einmal eine,
die nahm sogleich ihn an die Leine.

Sie war nicht schön, das kann man sagen.
Doch wollt' sie ihn. Er musst' es wagen.
Seinem Traum entsprach sie nicht.
Doch war auf Ehe er erpicht.

Sie leben jetzt gemeinsam schon.
Seine Träume sind davon.
Er denkt zurück gern an die Zeit,
wo er gelebt in Einsamkeit.

Sie macht mit ihm, das was sie will.
Er ist verschreckt und hält schön still.
Er bleibt das Zerrbild eines Mannes.
Mein neuer Nachbar, der Johannes.

Geistiges

Ein Pfarrer namens Leopold
war dem Trunke nicht abhold.
Wenn er eine Predigt hielt,
er heimlich nach der Flasche schielt'.

Mit Temperament und voller Feuer
lehrt er die Schäfchen, die im teuer.
Sie hören ihm auch gerne zu.
Sitzen still und geben Ruh.

Er malt voll Eifer ihnen aus
der Hölle Qual und ihren Graus.
Der Lohn des Himmels scheint hingegen
für die meisten sehr entlegen.

Ist er aber einmal nüchtern,
klingt die Rede ziemlich schüchtern.
Und beim Schoppen späterhin
man beklagt der Predigt Sinn.

„Heute hat er nichts gebracht,
was uns wirklich Freude macht.
War viel zu trocken der Sermon.
Zu wenig Inspiration."

Dass die Rede fließt aufs Neue,
zu stärken seiner Schäfchen Treue,
blieb der Pfarrer Leopold
dem flüss'gen Geist auch weiter hold.

Erste Sonnenstrahlen

Nach langer Winterplage
erste Sonnenstrahlen.
Helle Frühlingstage
neue Bilder malen.

Erwacht ist froh das Leben.
Wärme weckt' es auf.
Wiederkehrend Streben
in des Jahres Lauf.

Erstes zartes Grün.
Der Veilchen tiefes Blau.
Die Primeln gelb erblühn
in sanfter Luft so lau.

Außer Rand und Band
die Vöglein sich jetzt zeigen.
Am bunten Wegesrand
die Falter tanzen Reigen.

Von den Bergen weit
letzter Schnee noch grüßt.
Im Tauwind Bächlein breit
mit Lust zu Tale schießt.

Der Wandrer freudig schreitet
durch neu erwachten Hain.
Die Brust sich selig weitet.
Sollt immer Frühling sein!

Per aspera ad astra

Wer kann die Sehnsucht denn verstehen,
Ideen und Fühlen auszudrücken?
Dass man nicht will, dass sie vergehen
in ganz kurzen Augenblicken?

Wer kennt denn schon die himmlisch Freude,
wenn des Einfalls jähes Licht
sich kunstvoll formt in Wortgebäude?
In Stein zu hauen, eh es zerbricht?

Wer weiß schon von der Qual zu künden,
wenn ein Gedanke ward vergessen?
Der war nimmermehr zu finden,
weil er war zu knapp bemessen?

Wer versteht die Ungeduld,
wenn Hirn und Herz ganz leer erscheinen,
wenn man nicht weiß, wo liegt die Schuld;
und man möcht am liebsten weinen?

Man will es sagen, fühlt so viel.
Doch weicht das Irrlicht der Idee
in neckisch keckem Narrenspiel
zurück in der Gedanken See.

Verliert sich in der Seele Tief.
Ruht und regt sich wie es mag.
Kam dann hervor, sobald man schlief.
Ein Ahnen bleibt nur für den Tag.

Und dennoch gibt es tiefes Glück,
wenn vages Ahnen, Denken, Sinnen
sich formt zu einem festen Stück!
Voll Dankbarkeit die Welt gewinnen!

Känguruh

Ich wollt, ich wär ein Känguruh!
Was ich in meinen Beutel tu,
gehört' nur mir allein!

Dein Herz ich voller Liebe nähm.
Wie wäre das doch angenehm,
steckte ich es ein!

Ich würd vor lauter Freude springen!
Möchte ein Geschenk dir bringen:
Nimm dir doch mein Herz!

Ich wollt, ich wär ein Känguruh!
Und stimmst du meiner Bitte zu,
wir springen himmelwärts!

Schwerer Entschluss

Ich hätt es längst schon vorgezogen,
die Örtlichkeit zu wechseln.
Denn die Freude ist verflogen!
Wozu Worte drechseln?

Was ist es, das mich zögern lässt?
Was mich lässt noch hoffen?
Ist da von Liebe noch ein Rest?
Steht die Tür noch offen?

Könnt wohl die Erinnerung sein
an Stunden liebesrot!
Trunken von der Liebe Wein
ersehnten wir den Tod!

Versinken in die Ewigkeit,
untrennbar vereint!
Verschmolzen fest für alle Zeit!
Dort, wo man nicht weint!

Ich werd doch wählen diesen Ort!
Dein Herz lässt mich im Stich.
Deine Kälte schickt mich fort.
Werd warten dort auf dich.

Ein einziges Mal

Ein einziges Mal
verstand ich, was du mir sagtest.
Ein einziges Mal
sagt' ich ja, als du mich fragtest.
Ein einziges Mal
versuchte ich dir zu vertrauen.
Ein einziges Mal
wollt' den Himmel ich schauen.

Ein Mal zuviel
folgte ich deinem Begehren.
Ein Mal zuviel
du stießt mich aus purpurnen Sphären.
Ein Mal zuviel
folgte ich meinem Gefühl.
Ein einziges Mal war genau – ein Mal zuviel.

Ein Engel

Ein Engel flog vorbei.
Ich sah nur seinen Schatten.
Ich dachte, was es sei,
das wir zu schaffen hatten?

Kam er, mich zu schützen
vor allerlei Gefahr?
Mir dabei zu nützen,
was meine Pflicht wohl war?

Oder war er Bote
vom Engel weiter oben?
Der mir mahnend drohte,
bloß Bessrung zu geloben?

Wenn's war der Todesengel?
Der umherstrich leise,
zählend meine Mängel?
Für meine letzte Reise?

Ich sinne gründlich nach.
Bin bereit für alles.
Glück und Ungemach.
Für den Fall des Falles.

Wenn's nur ein Vogel war?
Ein sehr großer, breiter?
Ein Geier oder Aar?
Dann denk ich nach nicht weiter!

Inspiration

Woher stammt das Wort,
das mir zugeflogen?
Wo ist dieser Ort?
Wer ist mir so gewogen?

Manchmal sind's nur Splitter
vom großen Mosaik.
Es ist dann wirklich bitter,
wenn fehlt das letzte Stück.

Doch öffnet sich die Seele.
Empfängt der Worte Sinn.
Dass nichts am Ende fehle,
was geplant war von Beginn.

In der Worte Bild
die Unendlichkeit
ganz greifbar wird erfüllt.
Für jetzt und alle Zeit.

Das Vöglein

Das Vöglein singt aus voller Kehle.
Singt sich schier den Schnabel wund.
Freut sich wohl aus tiefster Seele.
Und das alles ohne Grund.

Es singt, ob Regen oder Sonne.
Sucht sich hie und da ein Korn.
Beendet dann sein Lied voll Wonne
und beginnt noch mal von vorn.

Wie gut hat's doch der kleine Wicht!
Singt, weil es ihm Freude macht.
Erfüllt dabei noch seine Pflicht.
Das hat ihm Gott so beigebracht.

Blühender Baum

Unschuld so weiß. Öffnet sich leis.
Nehmen und Geben. Aufwärts streben.
So schnell erwacht. Auf Leben bedacht.
Wonnig und schlicht. Duft verspricht.

Gleißende Sonne. Strahlende Krone.
Ein weißes Fanal. Sterne ohn Zahl.
Frühlings Zeichen. Nacht muss weichen.
Ein zarter Traum. Es blüht der Baum.

Hilf dir selbst

Du flehst zum Herrgott alle Tage,
er soll verbessern deine Lage.
Dass er dich auf der Stelle heilt
und sich dabei auch recht beeilt.

Doch anders sind meist Gottes Wege.
Bet lieber, dass ins Herz er lege
dir die Idee und auch den Plan,
wie man sich selber helfen kann.

Und bitt ganz lieb auch um die Kraft,
ohne die man es nicht schafft,
den Einfall gut auch auszuführen.
Du wirst die Wirkung sehr bald spüren.

Und hast du erst einmal begonnen,
hast du auch schon halb gewonnen.
Wenn die Geduld dich nicht verlässt,
er gibt dir gern dazu den Rest.

Dies zu lernen, ist nicht leicht.
Nicht viele haben dies erreicht.
Doch eins ist sicher wie der Tod:
Hilf dir selbst, dann hilft dir Gott!

Zu spät

Das alte graue Trauerkleid
eng angepresst und knittrig,
steht sie da in ihrem Leid,
vor lauter Gram ganz zittrig.
Sieht die Schatten an der Wand,
die gaukeln vor ihr Leben.
Will greifen Bilder mit der Hand,
doch greift sie nur in Weben.
Denkt, er ist von ihr gegangen,
hinüber in das Land,
das mit Wolken stets verhangen,
und hat durchtrennt das Band.
Sie starrt in Spiegel alt und blind.
Erschrickt vor ihrem Bild.
Denn schon längst vergangen sind
die Züge rein und mild.
Es grinst ein grausig Konterfei.
Ein irrer Schrei laut gellt.
Es wird ihr klar, es ist vorbei!
Sie verließ die Welt.
Nicht er! Drum ist sie so allein.
Verzweiflung fasst sie an.
Es überfällt sie harte Pein.
Alles ist vertan!
O könnt sie ihn noch einmal sehen!
Ihm ihre Liebe schenken!
Froh mit ihm durchs Leben gehen
und seine Wege lenken!
So viel vertan! So viel vergeben!
Die Zeit zu schnell verstrichen.
War vieles falsch in ihrem Leben.
Die Rechnung nicht beglichen.

Im Leben hat sie tief geträumt.
Nun sie jenseits steht.
Möcht geben, was sie hat versäumt.
Doch jetzt es ist zu spät.

Wahrheit

Hinauf, zurück zur Quelle!
Zu der Stelle,
wo noch alles klar
und offenbar!

Wer gibt den Fingerzeig,
weist den Steig?
Das reine Wasser finden!
Zweifel schwinden.

Reicht ein Menschenleben
für das Streben?
Es findet nur, wer will!
Sucht ganz still.

Die Erkenntnis reift.
Man begreift:
Das Ziel liegt in der Seele.
Dies erwähle!

Verklungene Melodie

Die Töne fallen mir entgegen.
Erbarmungslos.
Sie sollten wieder mich bewegen.
Mit heft'gem Stoß.

Der Akkord klingt dissonant.
Am Herz vorbei.
Die Gefühle sind verbrannt.
Sind einerlei.

Die großen Worte völlig nichtig.
Bedeutungslos.
Sie sind schon lange nicht mehr wichtig.
Nackt und bloß.

Verklungen nun die Melodie.
Verraucht der Zorn.
Der Blick sucht wieder Harmonie.
Geht nach vorn.

Die Töne fallen in die Leere.
Wirkungslos.
Kommen mir nicht mehr in die Quere.
Dies Stück ich schloss.

Wie ich zum Dichten kam

Sie sagte, iss doch keine Zwiebel!
Weil dies Gemüse ist von Übel!
Denn eines sollst du sicher wissen:
Ich werde dich dann nicht mehr küssen!

Ich konnt' verstehen nicht das Ganze.
Alles wegen dieser Pflanze?
Doch wollt' ich nicht darauf verzichten.
Und so begann ich halt zu dichten ...

Maiwind

Die Blüten schneien wild daher.
Der Maiwind spielt voll Übermut.
Keine setzt sich da zur Wehr.
Bis er abends müßig ruht.

Kurz nur ist die Zeit der Blüte.
Verwandelt Leben knospt heran.
Zur Reife sind's nur ein paar Schritte.
Jugendzeit ist schnell vertan.

Ernst erwächst aus heitrem Spiel.
Die Blütenblätter sind verweht.
Kraft tritt neben das Gefühl.
Im Maiwind Jugend schnell vergeht.

Vorbei

Geschmolzen das Eis.
Das Herz ist frei.
Es ist vorbei.
Bezahlt der Preis.

Hoch empor
fliegt die Freud.
Vorbei das Leid.
Im Jubelchor.

Verflossen der Trug.
Erloschen der Gram.
Verflogen die Scham.
Übergenug.

Vorwärts jetzt schreiten!
Im lichten Takt!
Der Tod ist vertagt.
Ekstase bereiten.

Zwar bloß ein Moment.
Flüchtige Freude
im Lebensgebäude.
Doch heiß sie brennt!

Der Augenblick
vergeht im Nu.
Doch sieh zu,
zu halten das Glück!

So weit

So weit gegangen. So viel getragen.
Nach Ruhe verlangen. Fast verzagen.
Man glaubt sich am Ziel. Und atmet auf.
Närrisches Spiel. Teuer der Kauf.
Doch Hoffnung verbogen. Geht weiter die Fron.
Wieder betrogen. Ernten nur Hohn.
Wie weit noch zu gehen? Was kann noch kommen?
Nichts ist zu sehen. Ziel ist verschwommen.
Durch Dämmerung wanken. Und durch die Nacht.
Erreichen den Schranken. Dann ist's vollbracht.

Geistige Anregung

Den goldnen Wein lasst mich genießen!
Auf dass sich freudig kann erschließen
des Geistes volle Wunderkraft,
die immer wieder Neues schafft!

Des edlen Trunkes machtvoll Treiben
lass mich wie einstmals Goethe schreiben!
Der Dichterfürst sei mein Idol!
War er doch des Geistes voll!

Und ist er letztlich unerreicht,
er doch dem letzten Ziele gleicht,
das ein Dichter sucht zu finden.
Auch wenn er's niemals kann ergründen!

Doch der Wein erwärmt das Herz!
Er lässt ertragen dich den Schmerz,
der einsam herrscht in deiner Seele.
Niemals der Zweifel dich mehr quäle!

Schwing empor dich zu den Sternen!
Sollst dich niemals mehr entfernen
von des Genius keuschem Wirken!
Von des hehren Worts Bezirken!

Gefühle

Im Augenblick fühl ich mich glücklich!
Hält's die Welt auch nicht für schicklich,
ich bleibe doch, so wie ich bin!
Man nehme mich derart auch hin!

Wer kann mich wirklich denn verstehen?
Wer kann den Weg denn mit mir gehen?
Jeder ist auf sich gestellt!
So ist es mal auf dieser Welt!

Drum lasst mich meinen Schmerz erleben!
Lasst mich vor reiner Freude beben!
Lasst mich in meinem Kummer weinen!
Mich mit meinem Glück vereinen!

Spott

Heiterkeit mit Spott erzielen.
Sich sehr überlegen fühlen.
Geht zu Lasten andrer Leute.
Die das selten nur erfreute.
Der Spott ist meistens unverdient.
So keiner Sympathie gewinnt.
Und bald bist du auch selbst betroffen.
Kommst nicht davon, wie du magst hoffen.
Drum meide die Gelegenheit.
Entsteht daraus nur Bitterkeit.

Widerhall der Leere

Alles ist gesagt.
Was dich bewegte tief;
es scheint zu sein vertagt.
Die Muse nicht mehr rief.
Widerhall der Leere.
Dröhnend still der Ton.
Beharrlichkeit der Schwere.
Nicht'ger Worte Lohn.
Sehnendes Verlangen.
Nach schöpferischer Kraft.
Worte, die verklangen.
Tote Leidenschaft.
Schwing empor dich, Seele!
Denke nicht mehr, fühle!
Einen Stern dir wähle!
Voll Wärme anstatt Kühle!
Das Herz soll wieder glühen!
Von Worten, nie gehört!
Scheuen keine Mühen!
Von Leidenschaft betört!
Ein übervoller Krug.
Ein überströmend Herz.
Gedanken, nie genug!
Freude, anstatt Schmerz!

Abendwind

Der Abendwind durchs Haar sanft streicht.
Die Hektik nun allmählich weicht.
Ein zartes Ahnen von dem Glück
durchdringt den scheuen Augenblick.
Der Amsel Lied so süß betört.
Des Himmels Gruß man daraus hört.
Honigsüßer Blütenduft
erfüllt die linde Abendluft.
Das Herz ganz friedlich wird und still.
Ergeben ganz dem Hochgefühl.
Die Sonne golden abwärts sinkt.
Der Tag in Frieden still verklingt.

Sternenkind

In des Mondes Silberlicht
der Abgesang des Tags zerbricht.
Frei dann wandern die Gedanken,
überwinden alle Schranken,
die gehemmt des Herzens Flug.

Endlich steigt dann heiß empor
die Sehnsucht, groß wie nie zuvor.
Sie sucht die lichte Sternenbahn,
die zu dir führt, beschließt den Wahn!
Der Schmerzen sind es nun genug!

Durch Sternenstaub und Mondgeflüster.
Zu der Erde nah Geschwister.
Finden dich im Sonnenwind!
Dich wunderbares Sternenkind!
Dereinst du warst bei mir.

Jauchzend beim Kometenreigen.
Ich wollte dir das Höchste zeigen.
Verloren dann im weißen Feuer.
Getrennt von der, dir mir so teuer.
Nur Erinnerung blieb von dir.

In des Mondes Silberlicht
der Traum vom Glück ganz schnell zerbricht.
Endlos steigt dann heiß empor
die Sehnsucht, größer als zuvor.
Die Sehnsucht nach dem Sternenkind.

Verloren

Verloren im Dickicht des Lebens.
Verstrickt.
Erstickt.
Der Schrei verhallt vergebens.

Eine verlassene Lichtung.
Wagen?
Versagen?
Finden die wahre Richtung?

Wo kann man Rettung erlangen?
Finden.
Ergründen.
Zwischen Hoffen und Bangen.

Liebe bricht durchs Geäst.
Strahlen.
Bunt malen.
Sie erfassen ganz fest.

Des Lebens Hoffnung erhalten.
Im Herzen.
Trotz Schmerzen.
Sie soll niemals erkalten.

Ewigschimmer

Nimm mich hin!
Nie schöner schien
das Dasein mir,
als das mit dir.

Sterne weben
in dein Leben.
Mein ganzes Sein
bist du allein.

Im Glück versinken
und ertrinken.
In dir für immer.
Im Ewigschimmer!

Gefangen

Im See der Leidenschaft gefangen.
Am Baum der Zärtlichkeit gehangen.
Mit dir verbunden ohne Raum.
Leben ständig wie im Traum.

Gib mir doch endlich, was mir fehlt!
Die Einsamkeit mich ständig quält.
Lass mich an deinem Busen ruhn.
Mich tausend Zärtlichkeiten tun.

Ich will leben nur für dich.
Dein liebes Bild nie von mir wich,
seit ich dich erstmals hab gesehen.
Völlig ist's um mich geschehen!

Gib dich mir, mit Haut und Haar!
Mach mir endlich offenbar,
was dein Geheimnis still verbirgt!
Das, was deinen Zauber wirkt!

Ich liebe dich, begehre dich!
Wie lebte ich doch kümmerlich,
eh dein Bild ich hab geschaut!
Sei doch endlich meine Braut!

Wähnen

Nein, nicht wieder!
Stoppt die Lieder!
Ich will nicht mehr!
Ich bitte sehr!

Wie kannst du singen,
wenn jetzt verklingen
Taten klar
und wunderbar?

Lasst Stille walten.
Sich Ruh entfalten.
Es soll verhallen,
was nicht gefallen.

Schweigen bot,
was nicht im Lot.
Es fehlt so viel.
Aus das Spiel.

Zu End im Trüben.
Vorbei das Lieben.
Schweben. Sehnen.
Glauben. Wähnen.

Zu Ende

Mir war, als ob ich träumte. Als ob ich grad versäumte, was wichtig war im Leben. Wer kann mir Aufschluss geben? Wer kann es mir wohl sagen, was ich sollte wagen, oder sollte lassen? Lieben oder hassen? Ich weiß jetzt gar nichts mehr. Mein Herz und Kopf sind leer. Ein zartes banges Ahnen kann vielleicht mich mahnen. Nicht wirklich ist das Leben. Es hilft dir auch kein Streben, wenn endlos klagt dein Herz. Es ist ja nicht aus Erz. Der Traum im Nichts verflogen. Bist wieder mal betrogen. Beendet durch den Tod. Zu Ende alle Not.

Rosen

Rosa sind die Rosen
beim ersten Kennenlernen.
Beginnt dann erst das Kosen,
suchst du in den Sternen.

Rot die Rosen strahlen,
wenn heiß die Lieb erwacht.
Sie tausend Bilder malen
von Dingen, nie gedacht.

Weiß die Rosen leiden,
wenn die Lust verklungen.
Es heißt wieder scheiden.
Kein ewig Band geschlungen.

Verdorrt die Rosen sind.
Nichts mehr ist zu sagen.
Ein einsam Lied im Wind.
Nur Dornen spitz noch ragen.

Nichts gelernt

Die Jugend sucht vergebens,
oftmals mit Gewalt,
nach dem Sinn des Lebens.
Und wird darüber alt.

Ob sie am End gescheiter?
Die grau gewordnen Alten?
Sie sind ein Stück wohl weiter.
Sie haben jetzt tiefe Falten.

Unendlicher Choral

Merkwürdig ist es schon.
Man selten trifft den Ton.
Er wohl zu dir hin dringt.
Doch er für dich nicht klingt.

Der Leitton deines Lebens.
Das Ziel nur deines Strebens.
In Harmonie zu schwingen
will nicht recht gelingen.

Schicksal stimmt die Saiten.
Das Klangbild will's bereiten.
Den Akkord entfalten.
Die Symphonie gestalten.

Unendlicher Choral
tönt durchs weite All.
Den eignen Part erlernen.
Fliegen zu den Sternen.

Trost

Genug der Tränen! Zuviel der Leiden!
Endlos sehnen. Sich bescheiden.

Das Glück zu schnell entschwunden.
Zuviel getrennt, anstatt verbunden.
Lichter Strahl aus Seelentief
machtvoll nach Veränderung rief.

Ton so klar! Er hell erklingt!
Und wunderbar das Herz durchdringt!

Umfass uns, Welt, trockne die Tränen!
Schenk Erfüllung unsrem Sehnen!
Lass uns das goldne Licht erblicken!
Schenke Trost uns und Entzücken!

Emporgehoben. Leichthin schweben.
Leicht gewoben. Ewig leben.

Dunkles Gewölk

Dunkles Gewölk zieht wild heran.
Verzehrt alsbald das Himmelslicht.
Das malt die Ränder golden an.
Eh untergehend es zerbricht.

Eh untergehend es zerbricht,
es einmal noch umfasst das Land.
Vergebens es den Kampf noch ficht.
Das Dunkle siegt mit starker Hand.

Das Dunkle siegt mit starker Hand.
Fegt hinweg, was nicht mehr fest.
Was einst die Lieblichkeit verband,
es im Sturm verwehen lässt.

Es im Sturm verwehen lässt
die schwer errungnen Eitelkeiten
und den letzten guten Rest.
Alle Übel weiterschreiten.

Alle Übel weiterschreiten,
wenn entfesselt die Gewalt.
Siegen stets die schlechten Seiten.
Der Mensch verliert den letzten Halt.

Der Mensch verliert den letzten Halt.
Vom Blitz der Himmel aufgetan.
Kurz nur gellt des Lichts Gestalt:
Dunkles Gewölk zieht wild heran.

Nur für kurz

Das vage Ziel liegt im Dunst.
Vergebliches Mühen um Frieden.
Versagt hat die höchste Kunst.
Nur wenig Erfolg ist beschieden.

Verschlungene Wege.
Verworrener Zweck.
Lebensgehege.
Treten am Fleck.

Von Milchglas gehemmt ist der Blick.
Wird es doch gehen noch weiter?
Taste dich vorwärts ein Stück!
Wirst vielleicht doch noch gescheiter!

Such es dir aus.
Ist fast egal.
Saus und Braus.
Alles fatal.

Der Schreck ist nun wieder vorbei.
Knapp vermieden der Sturz.
Es folgt nun Ruhe dem Schrei.
Wenn es auch ist nur für kurz.

Mauern

Rennen gegen Mauern.
Hilft dir kein Bedauern.
Labyrinth des Lebens.
Motor allen Strebens.

Rettungsfaden binden.
Einen Ausweg finden.
Die Lücke im Verlies.
Schicksal Weg dir wies.

Ein Seufzer sich entrang.
Dem Herz war weniger bang.
Ein Stück weit froh nun gehen.
Etwas weiter sehen.

Ein paar Schritte frei.
Und schon ist es vorbei.
Die nächste Mauer droht.
Beginnt aufs Neu die Not.

Gibt keine Freiheit hier.
Gefangen wie ein Tier.
Die Mauern weit gezogen.
Die Illusion verflogen.

Letzter Ausgang Tod.
Wo Licht im Schatten loht.
Kannst du dich frei dort freun?
Werden auch Mauern sein.

Für alle Zeit

Lichter noch als tausend Sonnen
strahlt mir dein Bildnis in der Seele.
Mit dir mein Sein hat erst begonnen.
Dies Dasein ich mit Freuden wähle.

In rosaroten Höhen wir schweben
auf der Wolken Daunenbett.
Sonnenstrahlen Laken weben
auf dem Lager so adrett.

Endlos währt der Traum von Liebe.
Zu allem Schönen stets bereit.
In dein Herz ich gern dir schriebe:
Ich bleib bei dir für alle Zeit!

Ein Märchen

Sanftes Wogen ruhig macht
mein banges Herz.
Ein lichter Strahl berührt mich sacht
und löscht den Schmerz.

Ein Ahnen selig mich entführt
in höchste Höhen.
Hin, wo man nur Freude spürt,
möcht ich gehen.

Ich bereit den schönsten Platz,
auf Wolken Thron,
meinem allerliebsten Schatz.
Und warte schon.

Wir blicken freudig auf die Welt
und fühlen uns frei.
Der Wind ein Märchen uns erzählt.
Und lacht dabei.

Tauben

Frühmorgens gurren schon die Tauben.
Wenn diese Vögel wirklich glauben,
dass mir der Lärm je Freude macht,
dann haben sie aber falsch gedacht.

Denn musikalisch sind sie nicht.
Sie halten's wohl für ihre Pflicht,
den Schläfer möglichst früh zu wecken
und ihn dann stundenlang zu necken.

Ihr dummen Vögel, lernt doch singen!
Das könnte mir dann Freude bringen!
Fliegt doch weg! Gebt endlich Ruh!
Sonst stopf ich …… mir die Ohren zu!

Abend im Schwarzwald

Schwermütig legt der Abend sich
über die Heide und den Wald.
Der helle Himmel zögernd wich
dem Dunkel und dem Düstern bald.

Die Abendkühle zwingt ins Haus
die Menschen, die sich emsig regten.
Breitet sich nun Stille aus.
Zur Ruh sich selbst die Vöglein legten.

Durch Wolken schwer der Mond sich zeigt.
Lugt durch die Schleier gütig mild.
Der Mensch ergriffen sieht's und schweigt.
Frieden jetzt sein Herz erfüllt.

Betrübnis

Wenn grau die Regenschleier ziehen
über den starren dunklen Wald,
möcht das Herz so gern entfliehen
der Betrübnis Urgewalt.

Fliegen in das ferne Land,
wo frei und heiß die Sinne sind
und man noch mit leichter Hand
die Freude und die Lieb gewinnt.

Doch spitz und schwarz die Fichten ragen
durch den Nebel triefend grau.
Und der Mensch muss fast verzagen.
Sucht weiterhin der Seele Blau.

Lebenstag

Am Morgen achten wir darauf,
dass rein wir gehen und adrett.
Und dass den neuen Tageslauf
wir beginnen froh und nett.

Zu Mittag steht im Vordergrund
der Erfolg und was wir tun.
In des Lebens Kunterbunt
ist wenig Zeit, sich auszuruhn.

Die Vielfalt wird zur Einfachheit
am Abend. Zeit sich zu besinnen.
Trauer oder Seligkeit.
Ist wohl nichts mehr zu gewinnen.

Die Nacht voll Zaudern will beginnen.
Schwer das Herz schlägt und allein.
Nicht, was außen, nicht, was innen:
Was einzig zählt, ist nur das Sein.

Kunst

Erhabenem Worte
an herrlichem Orte
und himmlischem Lied
die Welt entflieht.

Gestammel so irr,
Worte wie wirr,
Geräusch, das nur tobt,
als Kunst sind gelobt.

Nur das heut gefällt!
Es gehn durch die Welt
ehrfürchtig Staunen,
rühmendes Raunen!

Abscheulich soll's sein!
Als ob es vom Schwein!
Dem Ästheten ein Graus!
Doch von der Welt nur Applaus!

Seelenhaus

Das Haus da gegenüber.
Es starrt aus leeren Höhlen.
Unheimlich, wie im Fieber,
als wollt' es was erzählen.

Kein Mensch sich jemals regt.
Steht da so ganz verlassen.
Was es im Innern hegt,
kann man nicht erfassen.

Manchmal, des Nachts, ein Schein
in düstrem Zimmer glimmt.
Und grinsendes Gebein
das Herz unheimlich stimmt.

Es zieht dich dauernd hin.
Mit magischer Gewalt.
Es scheint zu wohnen drin
der eignen Seel Gestalt.

Stattlich anzusehen.
Doch in den dunklen Mauern
Geheimnisse bestehen,
die Zeiten überdauern.

Wär nur die Kraft zu lieben,
voll Frieden und voll Glück,
dem Hause treu geblieben!
Man kehrt' so gern zurück!

Was

Was erhält
den Lauf der Welt?
Ist es Liebe?
Finstre Triebe?
Macht vielleicht?
Meist unerreicht?
Neid und Hass?
Ohne Maß?
Geburt und Tod
hält's im Lot.
Dazwischen Krieg.
Teurer Sieg.
Die meisten leiden.
Sind bescheiden.
Ein'ge nur
sind Herrscher pur.
Auch sie bald sterben.
Rest sind Scherben.
Doch das Prinzip
in Stein man hieb:
Es ist das Geld,
das letztlich zählt!
Wer's hat, der siegt.
Wer nicht, erliegt.

Ein volles Leben

Es ist am Ende doch egal,
ob breit der Weg war oder schmal.
Du hast dich stets doch durchgerungen
und den Schicksalsweg bezwungen.

Manchmal war ein Umweg nötig.
Nur wen'ge machten sich erbötig,
zu reichen hilfreich dir Hand.
Doch letztlich alles Leid verschwand.

Man blickt zurück. Man oft voll Gram,
doch auch mit Freude alles nahm.
Wird wohl gut gewesen sein.
Ein volles Leben. Und es war dein.

Weitere Werke von Alfred L. Rosteck

Frohe Zeit. Gedichte und
Geschichten um Weihnachten.
BoD 2016, 92 Seiten
ISBN 978-3-7412-9472-3
eBook: ISBN 978-3-7431-3085-2

Der Menuett-Tänzer
Geschichten über Obsessionen
BoD 2015, 200 Seiten
ISBN 978-3-7347-8205-3
eBook: ISBN 978-3-7392-8818-5

seelenland
Lyrik, BoD 2014, 92 Seiten
ISBN 978-3-7386-0106-0
eBook: ISBN 978-3-7386-6309-9

des lebens volles maß
Lyrik, BoD 2013, 92 Seiten
ISBN 978-3-7322-4672-4
eBook: ISBN 978-3-7322-2124-0
Ab 2017 enthalten in: Gesammelte
Gedichte, Band 3

Das Labyrinth und andere
Kurzgeschichten
Edition VaBene 2012, 200 Seiten
ISBN 978-3-85167-267-1

schicksalwärts
Lyrik, BoD 2011, 92 Seiten
ISBN 978-3-8423-6086-0
eBook: ISBN 978-3-7357-7192-6
Ab 2017 enthalten in: Gesammelte
Gedichte, Band 2

Wer spürt die Freude noch?
Gedichte und Geschichten um
Weihnachten
BoD 2010, 108 Seiten
ISBN 978-3-8391-8112-6
eBook: ISBN 978-3-7322-0965-1

Zwischen Abend und Morgen
Lyrik, BoD 2010, 236 Seiten
ISBN 978-3-8391-5276-8
eBook: ISBN 978-3-7357-7294-7
Ab 2017 enthalten in: Gesammelte
Gedichte, Band 3

Spirale des Lebens
Lyrik, BoD 2009, 92 Seiten
ISBN 978-3-8370-9584-5
eBook ISBN 978-3-8423-1501-3
Ab 2017 enthalten in:
Gesammelte Gedichte, Band 2

Der alte Mann auf dem Felsen
Novelle, BoD 2008, 96 Seiten
ISBN 978-3-8370-5651-8
eBook: ISBN 978-3-7357-9573-1

Eine Insel in der Zeit
Lyrik, BoD 2008, 92 Seiten
ISBN 978-3-8370-4299-3
Ab 2017 enthalten in:
Gesammelte Gedichte, Band 2

Ewige Reise
Lyrik, BoD 2007, 96 Seiten
ISBN 978-3-8370-1047-3
eBook: ISBN 978-3-8423-9909-9
Ab 2017 enthalten in:
Gesammelte Gedichte, Band 1

Im Sternenschein
Lyrik, BoD 2007, 92 Seiten
ISBN 978-3-8334-9280-8
Ab 2017 enthalten in:
Gesammelte Gedichte, Band 1

Stilles Glück
Lyrik, BoD 2007, 92 Seiten
ISBN 978-3-8334-9197-9
eBook: ISBN 978-3-8423-8905-2
Ab 2017 enthalten in:
Gesammelte Gedichte, Band 1

**Der Mann, der sich in seine
eigene Geschichte verirrte**
Roman, Novum 2007, 250 Seiten
ISBN 978-3-8502-2147-4

Der Schatten deiner Liebe
Lyrik, Novum 2007, 144 Seiten
ISBN 978-3-9025-3664-8